JOHN W. KRONIK

ADVISORY EDITOR IN SPANISH LANGUAGE AND LITERATURE

ESCUADRA HACIA LA MUERTE

Alfonso Sastre

EDITED BY
Anthony M. Pasquariello
UNIVERSITY OF ILLINOIS, URBANA

ALFONSO SASTRE

ESCUADRA HACIA LA MUERTE

DRAMA EN DOS PARTES

Prentice-Hall, Inc., Englewood Cliffs, New Jersey

© 1967
by PRENTICE-HALL, Inc.,
Englewood Cliffs, New Jersey

All rights reserved. No part of this book
may be reproduced in any form or by any means,
without permission in writing from the publisher.

Printed in the United States of America

ISBN: 0-13-293852-9

Library of Congress Catalog Card Number: 67-10929

Escuadra hacia la muerte, by Alfonso Sastre © 1961, by ESCELICER, S.A., Heroes del Diez de Agosto, 6, Madrid. Deposito Legal: CA. 190–1961. Num. de Registro: 4534:61. Reprinted with the permission of Literary Discoveries, Inc., 124 Spear Street, San Francisco, California 94105. Spanish-language rights in the United States of America and its territories, in the Republic of the Philippines, and Canada, and English-language rights throughout the world are the property of Literary Discoveries, Inc. No performance, presentation, publication, or recording may take place without permission of Literary Discoveries, Inc.

20 19 18 17 16 15

PRENTICE-HALL INTERNATIONAL, INC., *London*
PRENTICE-HALL OF AUSTRALIA, PTY. LTD., *Sydney*
PRENTICE-HALL OF CANADA, LTD., *Toronto*
PRENTICE-HALL OF INDIA PRIVATE LIMITED, *New Delhi*
PRENTICE-HALL OF JAPAN, INC., *Tokyo*

*To the memory of
Alessandro Pasquariello
(1888–1955)*

preface

Escuadra hacia la muerte is the first textbook edition of Alfonso Sastre's plays published in a single volume. Students in second-year college classes should be able to read the play with little difficulty—the vocabulary is not too extensive and the sentence structure is not complex. Its timely and timeless theme is both challenging and provocative. Ever since *Escuadra* was performed in 1953, by students from the University of Madrid, Sastre has enjoyed the warm support and approval of most of Spain's university community. It is hoped that this edition of the play will gain for him an enthusiastic following of American students.

The first edition of *Escuadra hacia la muerte* was published in 1953 by Ediciones Alfil, Colección Teatro, no. 77. However, the present text is based on the version published in 1960 by Editorial Losada, Buenos Aires, which contains a few changes and corrections by the author. Copious notes have been added to facilitate translations of phrases not readily understood with the aid of the vocabulary alone. These phrases have often been rendered with their English idiomatic equivalents rather than with a literal, word-for-word translation. Words in the notes are not listed in the vocabulary unless they appear elsewhere in the text. The vocabulary at the end of the text is almost complete. Only a few easily recognizable cognates have been omitted.

Numerous *preguntas* have been supplied to provide the student with oral practice and to guide him in interpreting the text. They are also intended as a source of practice in conversation and review. The text has been arbitrarily divided into eighteen parts to facilitate the handling of these exercises.

It is suggested that Alfonso Sastre's "prologuillo," generously submitted especially for this edition, be read to the students in class by the instructor and that, if necessary, the instructor explain any linguistic problems it contains. In this way, Sastre's own words to the American student about *Escuadra hacia la muerte* will not become a linguistic exercise.

The editor wishes to express his gratitude to Alfonso Sastre for permission to prepare this edition, and for his aid in clarifying some doubtful points in the play. Grateful acknowledgment is also due Mr. Pedro Aísa of Prescott College, Arizona, for criticisms and suggestions concerning notes and exercises and to Professor John W. Kronik whose careful reading of the manuscript has resulted in many improvements.

A.M.P.

contents

Preface — vii

Alfonso Sastre: Dramatist with a Mission — 1

Works of Alfonso Sastre — 9

Selected Bibliography — 11

Prologuillo para esta edición — 13

ESCUADRA HACIA LA MUERTE

    Parte primera — 16

    Parte segunda — 54

Preguntas — 81

Vocabulary — 93

ESCUADRA
HACIA
LA MUERTE

Alfonso Sastre: dramatist with a mission

Alfonso Sastre is unquestionably Spain's boldest innovator. His theater is by its very novelty, aggressive, spontaneously aggressive. It arouses indignation by its nonconformity, striking out at the public against the vast majority in Spain. Two well-known critics, Francisco García Pavón and Domingo Pérez Minik, have called it a theater which appeals to a minority, a rabid minority.[1] This observation places Sastre in good company. The plays of such notable contemporaries as Ionesco, Beckett, Sartre, T. S. Eliot, and Albee have at one time or another been classified as theater for the minority. In fact, Ionesco has said "If you wish to speak to everybody, you will really speak to no one: the things which interest everybody in general have very little interest for each man in particular."[2] Sastre would probably agree with Ionesco except that he possesses a strong sense of urgency to communicate to a large audience now, not fifty years from now, but without making concessions to three redoubtable obstacles: censorship, impresarios with a box office complex, and a naive public. In this sense, Sastre is a rebel in Spain or as Pérez Minik puts it, "... un aguafiestas, un nudo en la madera, un remolino en la corriente ordenada del río."[3]

Sastre has consistently and vigorously defended his position.

---

[1] F. García Pavón, *El teatro social en España* (Madrid: Editorial Taurus, 1962), p. 173; D. Pérez Minik, "Se trata de Alfonso Sastre, dramaturgo melancólico de la revolución," in Alfonso Sastre, *Teatro* (Madrid, Editorial Taurus, 1964), p. 12.
[2] "The Avant-Garde Theatre," *The Tulane Drama Review*, V (December, 1960), p. 48.
[3] Pérez Minik, *op. cit.*, p. 34.

In 1960, Rafael Vázquez Zamora, theater critic of *Insula,* questioned Sastre about a charge that he was writing plays which could not possibly be performed in Spain. Sastre's reply contains, perhaps, his calmest and most perceptive defense of artistic integrity and freedom.

... si el autor dramático empieza admitiendo la imposibilidad, se privará de escribir lo que, a lo mejor, resultaba posible. En primer lugar, el dramaturgo tiene consigo mismo el deber de escribir lo que su espíritu le reclama. ... Yo hago siempre teatro para un público español, y no admito, no reconozco la existencia de un obstáculo ajeno a la intrínseca dificultad literaria o técnica que presenta toda obra teatral digna. Si ese obstáculo surge, lo considero como algo inesperado. Me sorprendo de encontrarlo y prosigo. Pero tenga usted en cuenta que, si de antemano se crea el dramaturgo su propia barrera, le puede ocurrir, y efectivamente esto ocurre con mucha frecuencia, que haya sido uno mismo su propio interventor. Uno debe decir todo lo que quiere decir en el drama, sin plantearse de antemano, por un criterio 'posibilista,' cuanto tiene que rebajar o que desviar. En definitiva, no creo que exista una línea de demarcación entre lo posible y lo imposible dentro de lo que es auténtico arte dramático.[4]

The most defiant denunciation of censorship appeared in a 1961 statement entitled "Documento sobre el teatro español" signed by both Sastre and José María de Quinto. This manifesto was sent to Spain's Ministers of Information and Tourism, and of National Education, and also to several Spanish and European cultural societies. Point 1 of the indictment reads as follows:

La existencia de la censura de teatro, y especialmente en la forma en que se viene ejerciendo entre nosotros (se trata de una actividad conceptualmente arbitraria, administrativamente irregular, éticamente irresponsable y legalmente amorfa, sin que ni siquiera tenga autoridad para mantener sus propios dictámenes), es una vergüenza pública y privada. Públicamente (objetivamente) lo es porque tiene el carácter de una calamidad cultural. Privadamente (subjetivamente) porque es el signo de nuestro conformismo—el de los autores, directores, actores, empresarios . . .—y de nuestra propia corrupción. Es urgente la absoluta liquidación, que puede irse desarrollando en etapas, de este mecanismo.[5]

---

[4] "Alfonso Sastre no acepta el 'posibilismo'," *Insula,* Año XV, nos. 164 y 165 (1960), p. 27.
[5] In *Teatro,* p. 121. For the full text of the "Documento." see pp. 119–125.

The attitudes of impresarios and public are almost inextricably tied in with the problems of censorship. While Sastre is contemptuous of managers who eschew plays that deviate sharply from conventional themes, he understands that they cannot all afford to be heroes, bucking the current of economic, political and social pressures. All he asks for are some new faces who may offer new points of view to help the cause of freedom of expression.[6] As for the public, Sastre realizes that you cannot expect miracles from audiences which have been almost hermetically sealed for the past twenty-five years from plays which are too tragic or too despairing. They are no less victims than the playwrights who say they are writing the kind of theater the public wants. But it is the mission of the dramatist not only to follow but also to fashion the tastes of his audiences. This mission can hardly be realized if Spain's theater continues on the same barren course.[7]

Sastre's crusade against insipid and sterile theater started in 1945 when, at the age of nineteen, he was a student at the University of Madrid. Together with several associates, he originated a movement called "Arte Nuevo." Its purpose, according to Sastre, was

... de decir 'no' a lo que nos rodeaba; y lo que nos rodeaba, a nosotros que sentíamos la vocación del teatro, era precisamente el teatro que se producía en nuestros escenarios. Si algo nos unía, a nosotros que éramos tan diferentes (José Gordon, Alfonso Paso, Medardo Fraile, Carlos José Costas, José Franco y yo, entre otros), era precisamente eso: la náusea ante el teatro burgués de aquel momento.[8]

All of the plays sponsored by this group were avant-garde. Fifteen of them—mostly in one act—were published in a volume entitled "Teatro de Vanguardia."[9] Sastre contributed four to this anthology: *Ha sonado la muerte* and *Comedia sonámbula,* both written in collaboration with Medardo Fraile, *Uranio 235* and *Cargamento de sueños*. This collection offers ample evidence of the unity of purpose mentioned above by Sastre, but there is no

---

[6] Alfonso Sastre, *Drama y sociedad* (Madrid: Editorial Taurus, 1958), pp. 169–171.
[7] *Ibid.*, pp. 165–167.
[8] Ricardo Doménech, "Entrevista con Alfonso Sastre," in *Teatro,* p. 55.
[9] Madrid, Editorial Permán, 1948.

uniformity of style or content. One can hardly imagine Sastre and Alfonso Paso belonging to the same guild, but each in his own way offered evidence in these experimental pieces of the anxiety of a new generation for new ways of expression.

Many of the revolutionary ideas about theater expressed by this group were published in a journal called *La Hora* which had a rather short life, from 1948 to 1950. Sastre considers the collaboration in this journal quite important as it led to the founding in 1950 of T.A.S. (Teatro de Agitación Social [10]). The T.A.S. sponsored the first "Manifiesto" on theater prepared by Sastre and José María de Quinto which appeared in the October 1, 1950, issue of *La Hora*.[11] Ten years later, Alfonso Sastre and José María de Quinto joined forces once more in founding the G.T.R. (Grupo de Teatro Realista). The purpose of this organization is "la formación de un auténtico grupo que pueda constituirse la célula renovadora de nuestra vida escénica." [12] It was this organization which published the "Documento sobre el teatro español" referred to above. Thus, Sastre has fought long and hard for more challenging and provocative theater, free from interference by a capricious system of censorship. Despite many heartaches, censure and frustration, he has enjoyed some memorable, exciting moments. One of them was the premiere of *Escuadra hacia la muerte*.

A new dramatist was born on March 18, 1953 when the T.P.U. (Teatro Popular Universitario) performed *Escuadra hacia la muerte* in the Teatro María Guerrero. Sastre calls this event "el comienzo de mi vida de autor teatral." [13] The María Guerrero was sold out. Sastre had just turned twenty-seven on February 20 and he still had a strong following among university students. Furthermore, only a "función única" had been authorized, so this performance was to be both a premiere and a closing. The theater was charged with excitement. In recalling that eventful night, José María de Quinto says,

---

[10] Doménech, *op. cit.*, p. 56.
[11] For more information about this controversial "Manifiesto" see "El T. A. S. por última vez," in *Teatro*, pp. 83–88.
[12] "Declaración del G.T.R.," in *Teatro*, p. 117.
[13] Doménech, *op. cit.*, p. 56.

Creo que no olvidaré, que no olvidaremos muchos amigos de Alfonso Sastre—Ignacio Aldecoa, Rafael Sánchez Ferlosio, Carmen Martín Gaite, etc.—la noche del estreno de *Escuadra hacia la muerte*. Cuánto sufrimos y cuánto gozamos. Por vez primera. . .pudimos ver hasta qué punto desde un escenario era posible hacer algo importante y hermoso. No hay que olvidar. . .la precariedad en que se desenvolvía nuestra escena, y no hay que olvidar tampoco que *Escuadra hacia la muerte* era, sin duda, el prim── grito existencial y profundo del teatro español de postguerra.[14]

Sastre re─── ─g ovation when he appeared on stage with t── ─ call. The applause and shouts of con─── ──rough the streets all the way to t── ──ocks away from the María ── ──the premiere was so great t── ──nances was approved. However, ── ── third performance by order of the c─── ── no play with such a short run has aroused ── ──sy and lived so long in the memory of Spanish the── ──s.

Some critics h── ──d that *Escuadra* is an anti-military play, a cry against war a── extreme discipline. Others see in it just the opposite: a call for discipline and military authority.[15] Both of these interpretations miss the mark. Sastre's play is not a war play in the ordinary sense despite the fact that it deals with the fate of five privates and a corporal awaiting an offensive in an isolated forester's cabin during an imaginary third world war. The setting may be timely but the theme is timeless: the story of six men in a dramatic crucible. The only significant object in an unfurnished void is the human figure, more or less ugly and infirm. These men are haunted by the expectation of something (symbolized by the offensive) that is continually delayed—the same "something" for which we live or die. Like most people, they are capable of feeling that existence is at once both unsupportable and indispensable. The brutal assassination of the Corporal is a grotesque blow for freedom; whether their freedom

---

[14] "Breve historia de una lucha," in *Teatro*, p. 51. Aldecoa, Sánchez Ferlosio, and C. Martín Gaite are now first-rate novelists.
[15] Eduardo Haro Tecglen, "Introducción a Alfonso Sastre," in *Teatro*, p. 73.

will become liberation or bondage is the suspended note on which the action of Part I comes to an end.

The death of Goban permits the action to enter a phase of anti-action. Anguish replaces rebellion as the tale takes on an almost myth-like march in a rapidly descending denouement. When Javier says, "Goban estaba aquí para castigarnos y se dejó matar," he suggests that the weaving together of their lives was fated, unwilled, as in classical Greek tragedy. From the very beginning, they had no power to change the void. They are, as Javier says, "una generación estúpidamente condenada al matadero." The climax is reached when Luis asks Pedro ". . . y todo esto, ¿por qué? ¿Qué habremos hecho antes? ¿Cuándo habremos merecido todo esto? ¿Nos lo merecíamos, Pedro?" And Pedro answers as man, in fact, has often been answered "Bah. No hay que preguntar. ¿Para qué? No hay respuesta. (Mira hacia el cielo). El único que podía hablar está callado." The real theme of *Escuadra,* therefore, is what Eugene O'Neill called "not the relation of man to man but the relation of man to God." It is the dilemma of living and dying found in plays like O'Neill's *The Iceman Cometh,* Sartre's *No Exit,* Beckett's *Waiting for Godot, A Sleep of Prisoners* by Christopher Fry, and *Tiny Alice* by Edward Albee.

Most of the plays written after *Escuadra* deal in some measure with faith, justice, guilt, human responsibility and God. All of the main characters are tragic and tormented human beings. Their frequent pathetic and passionate actions are surrounded by ignorance. *La mordaza* is a family tragedy which, like *Escuadra,* presents the death of a tyrant, but in this case the tyrant is the old father, Isaías Krappo, who governs his family through fear. At the end of Scene I, Krappo kills a man who had come to expose his treacherous behavior during the Second World War. The entire family is torn between a sense of loyalty to the master of the house and justice and responsibility. Only Luisa, the daughter-in-law, who witnessed the crime, dares to expose him to the police. Later the father meets a violent death trying to escape from prison. In the epilogue, the entire family is haunted by a sense of guilt which reaches its climax in the final speech of Juan, one of the sons.

Responsibility and guilt are also featured in *El pan de todos* where we witness the quiet anguish of a mother condemned to death by her son's fidelity to the Communist Party. The son, David, flings himself from a window when he is no longer able to bear the guilt of his passionate action born of ignorance. *La sangre de Dios* deals with the mystical frenzy of Professor Parthon who has such unshatterable faith that he is prepared to sacrifice his son if it be God's will. In *Muerte en el barrio,* Sastre returns to the questions of justice, responsibility, and guilt. We witness the brutal slaying of a physician by a neighborhood mob which alleged that the death of a child was caused by his irresponsibility. This play has some of the epic-like, collective power of Lope de Vega's *Fuenteovejuna.* In both plays, the death of the "enemy," or tyrant, depending on the point of view, causes a feeling of great solidarity among the people. The anti-climactic epilogue suggests that the death of the doctor was fated. *La cornada,* performed in 1960, deserved a better fate at the box office. It is one of the few plays Sastre has written in a completely Spanish setting. As the title indicates, the story is about a bullfighter but it is not a drama about bullfighting. It is, rather, the story of José Alba, a tragic and tormented man, who sells his liberty like merchandise to a manager in exchange for sure success and glory. José Alba meets death in the bullring while his manager, in an ironic epilogue, has gone off to barter for the soul of another bullfighter. The anguish suffered by José Alba is the dilemma, faced by so many of Sastre's protagonists, of living and dying. When the audience failed to see a hero, or a villain, or even a bull, they probably lost interest. As Pérez Minik said in his commentary on *La cornada,* the public "no quería preocupaciones . . . no quiere saber nada de nada, ni de Dios ni del diablo." [16] Apparently very few of them had read Sastre's "autocrítica" in which he explained: "He tratado de hacer el drama de una relación casi antropofágica—algo así como un tratamiento del mito de Saturno: un mito que encuentro vivo en esta sociedad—y me ha salido creo, una especie poco conocida de tragedia española." *La cornada* is, then, a modern version of the myth of Saturn, devourer of his children, and another tragedy of contemporary existence.

These tragedies are grim theater and in some instances hor-

[16] Pérez Minik, *op. cit.,* p. 27.

rifying, but they are never depressing. One senses that Sastre is writing about real problems, about human problems. He does not infringe on the mystery and confusion that is part of every human soul. He does not intend to clear things up, clean them up, straighten them up, oversimplify, or indulge in any kind of dramatic trickery. With unrelenting honesty, he goes straight to the heart of the people he creates and, by his honesty and compassion, makes worthwhile a searching examination of their characters and fates.

Sastre's mood is more combative today than it was in 1953 when *Escuadra* was performed. While he is pleading the cause of artistic freedom, he is painfully aware that only four of his eighteen original plays have been performed in Madrid by professional companies: *La mordaza* (1954), *El cuervo* (1957), *La cornada* (1960), and *En la red* (1961). Three others have had short runs outside Madrid: *La sangre de Dios* (1955) in Valencia, *El pan de todos* (1957) in Barcelona, and *Medea* (1958) in Montjuich. Four others, including *Escuadra*, were performed by amateur groups. The remaining seven plays have never been performed in Spain: *Comedia sonámbula, Asalto nocturno, Prólogo patético, Ana Kleiber, Muerte en el barrio, Guillermo Tell tiene los ojos tristes,* and *Tierra roja*. He has just finished a drama based on the life of Miguel Servet, a Spanish theologian and doctor burned alive in Geneva by Calvinists. In a letter dated April 15, 1965, Sastre says, "Ayer por fin terminé un trabajo que me ha traído loco todas estas semanas. Es un drama sobre Miguel Servet, que me ha salido largo y difícil." This play, entitled *La sangre y la ceniza,* has just been prohibited both performance and publication.

When one considers Sastre's very limited exposure to Madrid theater audiences, it is truly extraordinary that, with the possible exception of Antonio Buero Vallejo, no other playwright has had an impact on his generation even remotely comparable. Spanish drama may yet be revitalized. If so, a great debt will be owed to Alfonso Sastre, dramatist with a mission.

works of Alfonso Sastre

Performed in Spain by amateur or professional companies

Ha sonado la muerte (in collaboration with Medardo Fraile) — January 31, 1946
Uranio 235 — April 11, 1946
Cargamento de sueños — January 9, 1948
Escuadra hacia la muerte — March 18, 1953
La mordaza — September 17, 1954
La sangre de Dios — April 22, 1955
El pan de todos — January 11, 1957
El cuervo — October 31, 1957
Medea — July 3, 1958
La cornada — January 14, 1960
En la red — March 8, 1961
Los acreedores (free adaptation of play by Strindberg) — December 19, 1962
Mulato (translation of play by Langston Hughes) — April 4, 1963

Other plays published but never performed in Spain

Comedia sonámbula (in collaboration with Medardo Fraile)
Ana Kleiber
Muerte en el barrio
Guillermo Tell tiene los ojos tristes
Tierra roja
Asalto nocturno
Prólogo patético

Unpublished plays

El cubo de la basura
En la noche oscura
Historia de una muñeca abandonada (teatro infantil)
El circulito de tiza (teatro infantil)
La sangre y la ceniza

Books and articles on the theater

Drama y sociedad (Madrid: Editorial Taurus, 1956).
Anatomía del realismo (Barcelona: Seix y Barral, 1965).

Articles by Sastre have appeared in *La Hora, Cuadernos Hispanoamericanos, Correo Literario, Revista Española,* and *Primer Acto.*

selected bibliography

Buero Vallejo, Antonio, "Obligada precisión acerca del imposibilismo," *Primer Acto,* no. 15 (julio-agosto, 1960), pp. 1–6.
De Coster, Cyrus C., "Alfonso Sastre," *Tulane Drama Review,* V (December, 1960), pp. 121–132.
Doménech, Ricardo, "Entrevista con Alfonso Sastre," in A. Sastre, *Teatro* (Madrid: Editorial Taurus, 1964), pp. 55–61.
——— "Tres obras de un autor revolucionario," in *Teatro,* pp. 36–46.
García Escudero, José M., "Tiempo," in *Teatro,* pp. 65–69.
García Pavón, F., *Teatro social en España* (Madrid: Editorial Taurus, 1962), pp. 173–179.
Garzo, Eugenio, "El teatro de Alfonso Sastre," *Cuadernos Hispanoamericanos,* LIX (1954), 213–215.
Guerrero Zamora, Juan, *Historia del teatro contemporáneo,* 3 vols. (Barcelona: Editorial Juan Flors, 1961), II, pp. 497–499.
Haro Tecglen, Eduardo, "Introducción a Alfonso Sastre," *Primer Acto,* no. 6 (1958), 16–19. The same article is reprinted in A. Sastre, *Teatro,* pp. 71–77.
Marqueríe, Alfredo, *Veinte años de teatro en España* (Madrid: Editora Nacional, 1959), pp. 197–205.
Pasquariello, Anthony M., "Alfonso Sastre y *Escuadra hacia la muerte,*" *Hispanófila,* no. 15 (1962), pp. 57–63.
Pérez Minik, Domingo, *Teatro europeo contemporáneo* (Madrid: Ediciones Guadarrama, 1961), pp. 399–411.
——— "Se trata de Alfonso Sastre dramaturgo melancólico de la revolución," in *Teatro,* 11–35.

PRONKO, Leonard C., "The Revolutionary Theatre of Alfonso Sastre," *Tulane Drama Review*, V (December, 1960), 111–120.
QUINTO, José María de, *La tragedia y el hombre* (Barcelona: Seix y Barral, 1962), pp. 57–58, 131–136.
——— "Breve historia de una lucha," in *Teatro*, 47–54.
SASTRE, Alfonso, *The Condemned Squad*, Cyrus C. De Coster, tr., *Players Magazine*, XXXVIII (University of Kansas, 1961), pp. 57–68.
——— *Drama y Sociedad* (Madrid: Editorial Taurus, 1956), 213 pp.
——— "Espacio, tiempo y drama," *Primer Acto*, no. 6 (1958), pp. 13–16.
——— "No entienden de teatro," *Primer Acto*, no. 10 (1959), 2–3.
———"Teatro imposible y pacto social," *Primer Acto*, no. 14 (1960), pp. 1–2.
SASTRE, A. and Quinto, J. M. de, "Documento sobre el teatro español redactado por el G.T.R. (Grupo de Teatro Realista)," in *Teatro*, pp. 119–125.
———"Manifiesto del T.A.S. (Teatro de Agitación Social)," in *Teatro*, pp. 99–108.
Teatro español, 1954–1955 (Madrid: Aguilar, 1956), pp. 31–38 (Self-criticism and reviews of *La mordaza*).
Teatro español, 1959–1960 (Madrid: Aguilar, 1961), pp. 163–170 (Self-criticism and reviews of *La cornada*).
Teatro español, 1960–1961 (Madrid: Aguilar, 1962), pp. 249–257 (Self-criticism and reviews of *En la red*).
TORRENTE BALLESTER, Gonzalo, *Panorama de la literatura contemporánea* (Madrid: Ediciones Guadarrama, 1956), pp. 471–472.
——— *El teatro contemporáneo* (Madrid: Ediciones Guadarrama, 1957), pp. 332–338.
VÁZQUEZ ZAMORA, Rafael, "Alfonso Sastre no acepta el 'posibilismo'," *Insula*, XV, nos. 164 and 165 (1960), 27.
VOGELEY, Nancy Jeanne, *Alfonso Sastre: His Theater in Theory and in Practice* (Pennsylvania State University, 1962), 100 pp. (Unpublished Master's thesis).

prologuillo para esta edición

¿Qué decir ahora, al cabo de tanto tiempo, de *Escuadra hacia la muerte,* que es una de mis primeras obras? Con ella empezó, propiamente, mi historia como autor de teatro. Tal historia fue precedida de una turbulenta prehistoria: los estrenos de algunas obritas experimentales: *Uranio 235* (1946), *Cargamento de sueños* (1948); la publicación de numerosos artículos (en *La hora, Correo literario*. . .), y, sobre todo, el intento—frustrado por la censura—de fundar el T.A.S. (Teatro de Agitación Social), con el que un pequeño grupo pretendimos dar a conocer entre nosotros a algunos autores como Toller, Galsworthy, Miller, Sartre, Brecht . . .(1950).

El estreno de *Escuadra hacia la muerte* (1953) fue recibido con gran aplauso juvenil—e incluso de una parte de la crítica profesional—y comportó el verdadero comienzo de una ardua lucha en la que todavía me encuentro: la lucha por la expresión en sus dos vertientes: [1] la propiamente "poética," común a todos los escritores, y la que pudiéramos llamar "política"—derivada en este caso, muy especialmente, de la inesquivable relación con los organismos de censura, aún vigentes en nuestra desdichada patria.

La obra, a pesar de su prohibición—y quizá también un poco por causa de ella—fue adoptada, a partir de entonces, por los grupos universitarios y experimentales, como una expresión válida de sus propias inquietudes, disconformidades, angustias, proyectos. . . Así, se da el caso paradójico de que, siendo una obra prohibida,[2] es una de las mías que más se ha representado en España, al amparo del régimen interior de los Colegios, las Residencias de Estudiantes, la Universidad, los Institutos, las

---
[1] Empleo aquí los dos términos en un sentido aproximado al que les dio Jovellanos en su "Memoria sobre los espectáculos públicos en España," cuando dice que toda obra teatral tiene dos "partes": una *poética* y otra *política*.
[2] La prohibición fue confirmada posteriormente, al presentar yo un recurso a las Autoridades. La obra fue entregada al Alto Estado Mayor del Ejército que hizo un informe condenatorio sobre ella. Sin embargo, la publicación en libro fue autorizada desde un principio.

Parroquias. . .y también, en ocasiones, por la "tolerancia" de algunos Delegados provinciales que han "dejado" que se ponga, casi siempre con el compromiso, por parte de los grupos, de no hacer anuncios o publicidad sobre ello.

Desde el punto de vista "poético" a que me he referido, *Escuadra hacia la muerte* es un intento de conseguir un doble objetivo, sólo aparentemente contradictorio: el rigor dramático y la libertad formal. Esto comportaba una cierta aventura de cara a una crítica que, en general, entendía el rigor dramático bajo la especie—¡tan anacrónica!—de la doctrina de las tres unidades. Así, pudo decirse de esta obra que era un ejemplo (a no seguir) de "teatro cinematográfico." O bien, que habría que esperar— para dictaminar mi calidad de autor—a que me planteara el serio problema de escribir una obra en tres actos. (¡Es decir, una verdadera obra!) Vaya esto como un signo cualquiera del "subdesarrollo" en que se encontraba nuestro teatro por aquellas fechas. Desde entonces a hoy se han conseguido—¡con cuánto esfuerzo!—no pocas cosas referentes a este lado "poético" de la cuestión teatral, aunque la crítica siga teniendo una bajísima calidad media. (El otro lado—el "político" o referente a la censura—sigue siendo para nosotros una verdadera pesadilla, a pesar de una sedicente "liberalización" que no ha afectado a otra cosa que a las traducciones de algunas obras extranjeras escritas, más o menos, alrededor del tema erótico.)

Hablo de esto, pensando en los estudiantes que hayan de leer el libro, porque creo que una noticia, por breve que sea, del contexto social en que se produce una obra, puede facilitar algunas claves para su más profunda comprensión.

No me queda sino saludar muy efusivamente al Profesor Pasquariello, agradeciéndole la cuidadosa atención que ha dispensado a esta obrita mía.

Alfonso Sastre
Madrid y Setiembre de 1965

personas del drama

Por orden de aparición:

SOLDADO ADOLFO LAVÍN
SOLDADO PEDRO RECKE
SOLDADO LUIS FOZ
CABO GOBAN
SOLDADO JAVIER GADDA
SOLDADO ANDRÉS JACOB

La acción, en casa de un guardabosques.
Tercera guerra mundial.

parte primera

CUADRO 1

(Interior de la casa de un guardabosques, visible por un corte vertical. Denso fondo de árboles. Explanada en primer término.
Es la única habitación de la casa. Chimenea encendida. En los alrededores de la chimenea, en desorden, los petates de seis soldados. En un rincón, ordenados en su soporte, cinco fusiles y un fusil ametrallador. Cajas de municiones. Una barrica de agua. Un teléfono de campaña. Una batería eléctrica. Un gran montón de leña. Una caja de botiquín, con una cruz roja.
Puerta al foro y ventana grande en muro oblicuo a la boca del escenario.
Es la hora del crepúsculo. Alrededor de la lumbre, Luis, Adolfo y Pedro, sentados en sus colchonetas dobladas, juegan a los dados.[1] Javier, tumbado en su colchoneta extendida, dormita.

---

[1] **juegan a los dados** are playing dice (*This is like our poker played with five dice. The hand is scored by tossing all five dice first and the discards twice, making three tosses in all.*)

Aparte, el cabo Goban limpia cuidadosamente su fusil. Empieza la acción.)

ADOLFO. — (*Echa los dados.*) Dos ases.

PEDRO. — (*Lo mismo.*) Uno. Eh, tú, Luis, te toca a ti.[2]

LUIS. — (*Que parece distraído.*) ¿Eh?

PEDRO. — Que te toca a ti. (*Luis no dice nada. Echa los dados, uno a uno en el cubilete, y juega. No mira la jugada.*)

ADOLFO. — Has perdido. Y llevas dos.[3] Tira. (*Luis juega de nuevo.*) Dos damas. Tira. (*Luis echa tres dados en el cubilete y juega.*) Cuatro. Está bien. (*Luis no suelta el cubilete.*) ¿Me das el cubilete?

LUIS. — Ah, sí . . ., perdona. (*Se lo da y Adolfo echa los dados.*)

PEDRO. — ¿Qué te pasa? ¿Es que no te encuentras bien?[4]

LUIS. — Es que . . . debo tener un poco de fiebre.[5] Siento (*por la frente*) calor aquí.

PEDRO. — Échate un poco, a ver si se te pasa.[6]

LUIS. — No. Prefiero . . . Si me acuesto es peor . . . Prefiero no acostarme. Ya se me pasará.[7] ¿Quién tira?

ADOLFO. — Yo. (*Tira. Contrariado, vuelve a echar los cinco dados y juega.*) Tres reyes.

PEDRO. — (*Juega.*) Dos . . . (*Vuelve a tirar.*) y cuatro. Apúntate otra.[8] (*Se lo dice a Adolfo.*)

ADOLFO. — Ya lo sé. (*Bosteza. Juega. Ríe.*) Cinco rojos. Me basta.[9]

PEDRO. — (*Juega.*) Menos. (*A Luis.*) Tú. (*Pero Luis no le escucha. Tiene la cabeza inclinada y se aprieta las sienes con los puños. Está sudando.*) Luis, pero, ¿qué te ocurre?[10]

---

[2] **te toca a ti** it's your turn
[3] **Y llevas dos.** And you have thrown twice.
[4] **¿Qué ... encuentras bien?** What's wrong? Don't you feel well?
[5] **Es que ... fiebre.** I think I must have a fever.
[6] **Échate ... te pasa.** Lie down a while and see if you get over it.
[7] **Ya se me pasará.** I'll get over it.
[8] **Apúntate otra.** Mark down another.
[9] **Cinco rojos. Me basta.** Five reds. That's enough. (*Poker dice have only a red and a black suit, so a play of five red dice is similar to a flush.*)
[10] **¿qué te ocurre?** What's the trouble?

Luis. — (*Gime.*) Me duele mucho la cabeza.[11] (*Levanta la vista.*)[12] *Tiene lágrimas en los ojos.*) Debió ser ayer,[13] durante la guardia... Cogí frío... El frío no me hace bien... desde pequeño.[14] (*Gime.*) Me duele mucho.

Pedro. — Espera. (*Se levanta y va al fondo. Abre una caja de botiquín y saca un tubo. Extrae una pastilla. Saca un vaso del bolsillo y coge agua. Echa la pastilla.*)

Cabo. — (*Sin volverse.*) ¿Qué haces?

Pedro. — Es una tableta... para Luis. No se encuentra bien.

Cabo. — (*Sin levantar la cabeza.*) ¿Qué le pasa?

Pedro. — Le duele la cabeza. Está malo.

Cabo. — (*Mueve la cabeza.*) No podemos malgastar los medicamentos.

Pedro. — Pero, cabo... Es que...[15]

Cabo. — (*Sonríe duramente.*) Estoy hablando en general. Si a ése le duele tanto la cabeza, le das el calmante y no hay más que hablar. Yo también soy compasivo aunque a veces no lo parezca. Lo que os digo es que esta situación puede prolongarse mucho tiempo y que no estamos autorizados para pedir ayuda a la intendencia. El mando nos ha dado víveres y medicinas para dos meses. Durante estos dos meses no existimos para nadie. Está anotada la fecha en que empezamos a contar otra vez... En febrero... Mientras tanto los que saben que estamos aquí piensan en otras cosas. (*Levanta la cabeza.*) Bien, ¿qué esperas? (*Pedro da un taconazo y vuelve con los otros. El Cabo continúa en su tarea.*)

Pedro. — (*Le da el vaso a Luis.*) Tómate esto.

Luis. — (*Lo toma.*) Gracias. (*Se recuesta en la pared y queda en silencio.*)

Pedro. — (*A Adolfo.*) ¿Quieres un pitillo?

---

[11] **Me duele ... cabeza.** I have a terrible headache.
[12] **Levanta la vista.** He looks up.
[13] **Debió ser ayer** It must have happened yesterday
[14] **El frío ... pequeño.** The cold isn't good for me ... ever since I was a kid.
[15] **Es que ...** I tell you ... (he's sick)

CUADRO 1   19

ADOLFO. — Bueno. (*Enciende*.) *El Cabo ha empezado a canturrear una canción*.) Ya está ése cantando.[16]
PEDRO. — Sí. Se ve que le gusta . . . esa canción.
ADOLFO. — Me crispa los nervios oirle.[17]
PEDRO. — ¿Por qué?
ADOLFO. — Eso no se sabe. No le gusta a uno, y basta.[18] (*Pedro echa un tronco en la chimenea*).
PEDRO. — Se está bien aquí,[19] ¿eh? Alrededor del fuego. (*Fuma. Atiza el fuego*.) Me recuerda mi pueblo. A estas horas nos reuníamos toda la familia junto a la lumbre.
ADOLFO. — Yo también soy de pueblo.[20] Pero he vivido toda mi vida en la capital.
PEDRO. — Yo salí de la aldea a los dieciocho años, y no he vuelto nunca. Tengo veintinueve.
ADOLFO. — ¿A qué te dedicabas?[21]
PEDRO. — Trabajaba en una fábrica. ¿Y tú?
ADOLFO. — Negocios. (*Pausa. Fuman. Baja la voz*.) Oye, ¿es que ése no pasa frío?[22]
PEDRO. — (*Pone el dedo en la boca*.) Cállate. Te va a oir y tiene muy malas pulgas.[23]
ADOLFO. — Ya lo sé. ¿Y a mí qué me importa? ¿Por qué no se sienta a la lumbre con nosotros? Es un tipo que no me hace gracia.[24] Nos trata a patadas el muy bestia.[25] (*El Cabo sigue canturreando*.) Seguramente se cree que es alguien y no tiene más que un cochino galón de cabo.[26] Este es uno de esos "primera"[27] que se creen generales.

[16] **Ya ... cantando.** That guy is singing now.
[17] **Me crispa ... oirle.** It gets on my nerves to hear him.
[18] **Eso no ... y basta.** Who knows? I just don't like it, that's all.
[19] **Se está bien aquí** It's nice here
[20] **Yo también ... pueblo.** I am from a small town too.
[21] **¿A qué te dedicabas?** What did you do for a living?
[22] **¿es que ... frío?** doesn't that guy get cold?
[23] **Te va ... pulgas.** He'll hear you and he has a mean temper.
[24] **Es un ... gracia.** That kind of a guy doesn't appeal to me.
[25] **Nos trata ... bestia.** The brute treats us like dogs.
[26] **Seguramente ... de cabo.** He must think he's somebody and he has only one lousy corporal's stripe.
[27] **"primera"** corporal, first class

PEDRO. — ¿Te vas a callar o no? (*Pausa.*)

ADOLFO. — (*Con un ademán brusco arroja el pitillo.*) Tres días que estamos aquí y ya parece una eternidad.

PEDRO. — Yo pienso que si a los cinco días de conocernos ya empezamos así . . . mala cosa.[28]

ADOLFO. — Ya empezamos ¿a qué?

PEDRO. — A no soportarnos.

ADOLFO. — ¡Bah!

PEDRO. — La verdad es que esto de no hacer nada [29] . . . tan sólo esperar . . . no es muy agradable . . .

ADOLFO. — No, no es muy agradable. Sobre todo sabiendo lo que nos espera . . . si no hay alguien que lo remedie.

PEDRO. — ¿Qué quieres decir?

ADOLFO. — Nada.

PEDRO. — Bueno. Yo creo que lo mejor es no amargarse la vida con [30] lo que nos espera o no nos espera. Porque no se sabe nada de lo que va a pasar . . .

ADOLFO. — Yo he pensado que es posible que la ofensiva no se produzca.

PEDRO. — Es posible. En cuanto a mí,[31] preferiría lo contrario.

ADOLFO. — ¡Ah! ¿Prefieres . . .?

PEDRO. — Sí. Lo que no me gusta es que no pase nada. Hace tres meses que el frente está muy silencioso y eso no me sienta bien.[32]

ADOLFO. — Ahora va a resultar que eres un patriota.

PEDRO. — No. No soy un patriota. Es que . . . bueno, sería muy largo de contar.[33] No merece la pena.

---

[28] **si a los cinco ... mala cosa** if after knowing each other for five days we already begin (to feel) this way . . . it's a bad sign
[29] **esto de ... nada** this business of not doing anything
[30] **lo mejor ... la vida con** the best thing to do is not to get bitter about
[31] **En cuanto a mí** As far as I'm concerned
[32] **y eso ... bien** and I don't like that
[33] **sería ... contar** it would be too long to tell

ADOLFO. — ¿Por qué te han metido en esta escuadra? Todos sabemos que estamos aquí por algo. Esto es . . . creo que lo llaman una "escuadra de castigo." Un puesto de peligro y . . . muy pocas posibilidades de contarlo. Bien, ¿por qué ha sido? No será porque eres un hombre virtuoso, ¿eh?, un angelito.

PEDRO. — No, claro . . . Es que . . . maltraté a unos prisioneros, según dicen.

ADOLFO. — ¿Qué les hiciste? ¿Arrancarles la piel a tiras?[34] ¿O extraerles cuidadosamente los ojos?

PEDRO. — Nada. ¿Qué te importa? Déjame tranquilo.

ADOLFO. — Odias a esa gente, ¿no?, al enemigo . . . al misterioso enemigo. (*Irónico; como si repitiera un "slogan" de propaganda:*) Almas orientales . . . Refinados y crueles. ¿Los odias?

PEDRO. — Creo . . . creo que sí.

ADOLFO. — Tendrás . . . motivos particulares.[35]

PEDRO. — (*Con esfuerzo.*) Sí, muy particulares. Verdaderamente . . . particulares. (*Se levanta y, nervioso, da unos paseos con las manos en los bolsillos. Va a la ventana y queda mirando hacia afuera.*) Buen frío debe hacer fuera,[36] ¿eh, cabo? Vaya tiempo.[37] (*El Cabo se encoge de hombros. Mete el cerrojo en el fusil y se levanta. Deja el arma en un rincón. Se estira. Adolfo le observa en silencio. El Cabo se acerca a donde duerme Javier y le da con el pie.*)[38]

CABO. — Eh, tú. Ya está bien de dormir.[39] (*Javier se remueve débilmente.*) ¿Lo oyes? ¡Levántate ya! (*Le da de nuevo con el pie. Javier se incorpora y queda sentado. Saca de un bolsillo unas gafas montadas al aire*[40] *y se las pone.*)

---

[34] **¿Arrancarles ... a tiras?** Pull off their skin by strips?
[35] **Tendrás ... motivos particulares.** You must have personal reasons.
[36] **Buen frío ... fuera** It must be real cold out
[37] **Vaya tiempo.** What weather.
[38] **le da con el pie** he pokes him with his foot
[39] **Ya ... dormir.** That's enough sleeping.
[40] **unas gafas ... aire** some rimless glasses

JAVIER. — ¿Qué hay?[41]

CABO. — Que ya está bien de dormir. ¿Te has creído que estás de vacaciones?

JAVIER. — *(Se ha levantado y está en una actitud parecida a "firmes."*[42]*)* No . . . no tenía nada que hacer.

CABO. — Estar atento y dispuesto.[43] ¿Te parece poco? Coge el ametrallador. *(Javier va por él y lo coge. Vuelve junto al Cabo.)* Está sucio. Límpialo.

JAVIER. — A sus órdenes.[44] *(Se sienta y trata de limpiarlo, desganadamente.)*

CABO. — ¿Y a ése, qué le pasa? ¿Sigue malo? *(Adolfo se encoge de hombros.)* Tú. Basta ya de cuento.[45] *(Luis no abre los ojos. El Cabo le da en la cara* [46] *con el revés de la mano.)*

LUIS. — *(Entreabriendo los ojos, penosamente.)* Me . . . me sigue doliendo mucho.[47] Como si tuviera algo aquí dentro. Por un lado de la cabeza. Es . . . un fuerte dolor.

CABO. — No te preocupes. Se te quitará en la guardia.[48] Es tu hora.

LUIS. — *(Consulta su reloj.)* ¿Mi hora? *(Trata de levantarse.)*

CABO. — Sí, tu hora. ¿Le extraña al "señorito"? *(Cambia de tono.)* Hay que estar atento al reloj, ya lo sabes. Espero que no vuelva a ocurrir . . . ; ibas a llevarte un disgusto.[49] Ni yo soy un bedel ni tú un gracioso colegial. Estás vistiendo un traje militar, pequeño. Si no te has dado cuenta, vas a pasarlo muy mal conmigo.[50] *(Luis se ha levantado. Se pone con mucho trabajo el capote y el correaje. Coge el fusil y, al tratar de colgárselo,*[51] *vacila. El fusil cae al suelo. Con*

---

[41] **¿Qué hay?** What's the matter?
[42] **está ... "firmes"** he is in a pose similar to standing at attention
[43] **Estar atento y dispuesto.** Be wide awake and ready.
[44] **A sus órdenes.** Yes, sir.
[45] **Basta ya de cuento.** That's enough faking.
[46] **le da en la cara** slaps his face
[47] **me sigue doliendo mucho** I still have a terrible headache
[48] **Se te quitará en la guardia.** You'll get rid of it on guard duty.
[49] **ibas a llevarte un disgusto** you were going to get into trouble
[50] **vas a ... conmigo** you are going to have a bad time with me
[51] **al tratar de colgárselo** on trying to hang it over his shoulder

CUADRO 1

un rugido:) ¿En qué estás pensando, idiota? El fusil no se puede caer. (*Entre dientes.*) Eso no puede suceder nunca.

PEDRO. —Cabo, me atrevo a decirle [52] que Luis está realmente enfermo. Yo haré su guardia.[53]

CABO. —Cállate tú.

PEDRO. —Es que . . .

CABO. —¡He dicho que te calles! Y no vuelvas a meterte en lo que no te importa.[54] Tú, vete ya. Yo no puedo admitir que un soldado se ponga enfermo como una pálida muchachita. Es la hora del relevo [55] y eso es sagrado. (*Luis, vacilante, sale. Hay una ráfaga de aire al abrir la puerta. Un silencio. Pedro está mirando fijamente al Cabo. Éste se sienta junto a la lumbre y enciende un pitillo. Observa el trabajo de Javier.*) Ese cierre no está limpio. (*Javier coge la pieza y la mira.*) Puede quedar mejor, ¿no crees? (*Javier no responde. Se limita, con un encogimiento de hombros, a limpiarla de nuevo.*) Pedro, trae la barrica. (*Pedro coge un barrilito y se lo lleva al Cabo. Adolfo se acerca y Javier deja el ametrallador para sacar un vaso aplastado del bolsillo. Todos esperan algo. El Cabo extrae con un cazo y reparte una pequeña ración de líquido a cada uno. Adolfo lo saborea. Pedro lo bebe en dos veces. Javier de un trago.*[56])

ADOLFO. —(*Cuando ha saboreado la última gota voluptuosamente.*) Cabo, no creo que un poco más de coñac nos hiciera daño. Sólo . . . un poco. Con este frío . . .

CABO. —(*Bebiendo lo suyo, que acaba de echarse.*[57]) Lo poco que bebemos es porque hace frío. Hay que tener cuidado con el alcohol. He visto a magníficos soldados perder el respeto al uniforme . . . por el alcohol.

---

[52] **me atrevo a decirle** I hope you don't mind my telling you (*lit.*, I dare to tell you)
[53] **Yo haré su guardia.** I'll stand his watch.
[54] **Y no vuelvas ... importa.** And don't meddle again in something that is none of your business.
[55] **Es la hora del relevo** It's time to relieve the guard
[56] **Pedro lo bebe ... trago.** Pedro drinks it in two swallows. Javier in one gulp.
[57] **que acaba de echarse** which he has just poured

Pedro. — ¿Usted ... ha sido soldado toda su vida?

Cabo. — (Apura el coñac.) Sí.

Pedro. — (Tratando de conversar con él.) ¿Cuánto tiempo hace que viste el uniforme, cabo? [58] Es una forma de preguntarle cuántos años tiene.

Cabo. — Tengo 39 ... A los 17 ingresé en la Legión, pero desde pequeño era ya soldado [59] ... Me gustaba ...

Pedro. — (Ríe.) Es usted un hombre que no ha llevado corbata nunca, cabo. (Una pausa. Pedro deja de reir. Un silencio.)

Cabo. — Éste es mi verdadero traje. Y vuestro "verdadero traje" ya para siempre.[60] El traje con el que vais a morir. (Ante el gesto de los otros se ríe él.[61] Ellos se miran con inquietud. El gesto del Cabo se endurece y añade.) Éste es el traje de los hombres: un uniforme de soldado. Los hombres hemos vestido siempre así, ásperas camisas ... Ropas que no nos protegen del frío ni del calor ... Correajes ... El fusil al hombro ... Lo demás son ropas afeminadas ... la vergüenza de la especie. (Mira a Javier detenidamente. Éste finge que se le han empañado las gafas [62] y las limpia.) Pero no basta con vestir este traje ... Hay que merecerlo ... Esto es lo que yo voy a conseguir de vosotros ..., que alcancéis el grado de soldados, para que seáis capaces de morir como hombres. Un soldado no es más que un hombre que sabe morir y vosotros vais a aprenderlo conmigo. Es lo único que os queda, morir como hombres. Y a eso enseñamos en el ejército.[63]

Pedro. — Cabo, había oído decir que en el ejército se enseñaba a luchar ... y a vencer, a pesar de todo.

Cabo. — Para luchar y vencer, antes es preciso renunciar a esta perra vida. Vosotros no habéis renunciado aún, ¿verdad? Todavía os queda un cochino resquicio de esperanza.[64] No

---

[58] **¿Cuánto tiempo ... cabo?** How long have you worn a uniform, Corporal?
[59] **pero desde ... soldado** but since I was a child I thought of being a soldier
[60] **ya para siempre** from now on
[61] **Ante ... se ríe él.** He laughs at the expression (on the faces) of the others.
[62] **que ... las gafas** that his glasses have become misty
[63] **Y a eso ... ejército.** And that's what we teach in the army.
[64] **Todavía ... de esperanza.** You still have a lousy ray of hope left.

CUADRO 1

sois soldados. Sois el desecho, la basura, ya lo sé . . . , hombres que sólo quieren vivir y no se someten a una disciplina. ¡Indisciplinados y cobardes! Bien. Vais a tragar la disciplina del cabo Goban, la disciplina de un viejo legionario. Necesito una escuadra de soldados para la muerte. Los tendré. Los haré de vosotros. Los superiores saben lo que han hecho poniendo esta escuadra bajo mi mando. Voy a ir con vosotros hasta el final. Voy a morir con vosotros. Pero vais a llegar a la muerte limpios, en perfecto estado de revista.[65] Y lo último que vais a oir en esta tierra es mi voz de mando. ¡Me vais a aguantar hasta el final por mucho que os fastidie![66]

ADOLFO. — *(Con voz ronca.)* Cabo.

CABO. — ¿Qué?

ADOLFO. — *(Con una sonrisa burlona.)* Ya sé qué clase de tipo es usted. Usted es de los que[67] creen que la guerra es hermosa, ¿a que sí?[68]

CABO. — *(Mira a Adolfo fijamente.)* Si a ti no te gusta, trata de marcharte. A ver qué ocurre.[69] *(Javier murmura algo entre dientes.)* ¿Dices algo tú?

JAVIER. — No, es que . . . me he hecho daño en un dedo al meter el cierre.

CABO. — Parece ser que eres "profesor." Tendrás teorías sobre este asunto y sobre todo, supongo. Explícanos tus delicadas teorías. Es hora de que oigamos algo divertido, ¡Vamos![70] ¡Habla!

JAVIER. — *(Con nervios.)* Oiga usted, cabo; no tengo interés en hablar de nada, ¿me oye? Estoy aquí y le obedezco. ¿Qué más quiere?

CABO. — *(Le corta.)* Eh, eh, cuidado. Menos humos.[71] No tolero ese tono . . . "profesor."

---
[65] **en perfecto estado de revista** perfectly disciplined
[66] **por mucho que os fastidie** no matter how much it bothers you
[67] **Usted es de los que** You're the kind that
[68] **¿a que sí** I'll bet you do, right?
[69] **A ver qué ocurre.** And we'll see what happens.
[70] **¡Vamos!** Go on!
[71] **Menos humos.** Don't put on airs.

Javier. — Perdóneme... Es que... estoy nervioso.

Cabo. — En efecto. El "profesor" es un hombre muy nervioso y además un perfecto miserable. Me parece que ya es hora de que vayamos conociéndonos.[72] *(En este momento se abre la puerta y aparece Andrés: capote con el cuello subido, guantes y fusil. Se acerca al Cabo.)*

Andrés. — A sus órdenes, cabo.

Cabo. — Siéntate.

Andrés. — Cabo, quería decirle que me ha parecido encontrar a Luis... en malas condiciones para hacer el relevo.[73] Me temo que no se encuentre bien.

Cabo. — Deja eso.[74] Ya lo he reconocido yo antes y no tiene nada. Ahí tienes tu coñac. *(Andrés se quita el correaje y el capote. Se sienta y bebe ávidamente su coñac hasta la última gota.)* Has llegado a tiempo de oir una bonita historia. Estamos hablando del "profesor."

Javier. — Cállese de una vez.[75] Déjeme en paz.

Cabo. — *(Mira fijamente a Javier.)* Desde el primer momento comprendí que no me iba a llevar[76] muy bien contigo. No somos de la misma especie. Te odiaba desde antes de conocerte, desde que, hace una semana,[77] me llamaron y tuve tu expediente en mis manos. Es curioso pensar que hace una semana no os conocíais ninguno. Pero yo os conocía ya a todos. Y vosotros ni siquiera podíais suponer mi existencia, ¿verdad? Sin embargo, ahora nada hay para vosotros más real que yo. *(Ríe.)*

Andrés. — ¿Dice... que le dieron nuestros expedientes?

Cabo. — Sí, vuestras agradables biografías. *(Hay miradas de inquietud.)* Soldado[78] Javier Gadda. Procedente del Regi-

---

[72] **Me parece ... conociéndonos.** I think it's about time we got to know each other.
[73] **me ha parecido ... el relevo** it seemed to me that Luis was in bad shape to take over guard duty
[74] **Deja eso.** That's enough.
[75] **Cállese de una vez.** Shut up once and for all.
[76] **no me iba a llevar** I wasn't going to get along
[77] **desde antes ... una semana** before I knew you, since a week ago when
[78] **Soldado** Private

miento de Infantería número 15. Operaciones al sur del lago Negro, ¿no es verdad?

JAVIER. — (*Asiente.*) Sí, de allí vengo. Era un infierno de metralla, algo . . . horrible. (*Se tapa los oídos.*)

CABO. — No te preocupes. Esto es otro infierno. Soldado Adolfo Lavín, 2ª compañía de anticarros . . . En el sur. ¿Te acuerdas?

ADOLFO. — (*Sombrío.*) No lo he olvidado.

CABO. — Andrés Jacob. Un bisoño. Del campo de instrucción [79] de Lemberg a una escuadra de castigo. ¿Eres tú?

ANDRÉS. — Sí, yo.

CABO. — Soldado Pedro Recke. El río Kar . . . La ofensiva del invierno . . . Muchos prisioneros, ¿verdad?

PEDRO. — Sí.

CABO. — Tú sí eres soldado, Pedro . . . y te felicito. Si saliéramos de ésta, me gustaría volver a verte.

PEDRO. — (*Serio.*) Gracias.

CABO. — Si queréis saberlo, yo no estoy aquí para castigaros. Yo no soy otra cosa que un castigado más. No soy un santo. Si lo fuera, no estaría con vosotros. (*Alguna risa fría.*)

PEDRO. — (*Audazmente.*) Me dijeron que usted . . . había llegado a algo más [80] en el ejército. Quiero decir . . . que lo degradaron. Era sargento, ¿no?

CABO. — ¿Quién te ha dicho eso? ¿Qué sabes tú de mí? Vamos, dilo.

PEDRO. — Poca cosa.[81]

CABO. — Espero que no me dé vergüenza. Habla.

PEDRO. — Me han dicho que tiene tres cruces negras.

ANDRÉS. — ¿Cómo [82] "tres cruces negras"? ¿Qué es eso?

PEDRO. — Está claro. Que se ha cargado a tres.[83] ¿Es cierto, cabo?

[79] **campo de instrucción** training camp
[80] **había llegado a algo más** had a higher rank
[81] **Poca cosa.** Not much.
[82] **¿Cómo?** What do you mean?
[83] **Que se ha cargado a tres.** That he killed three men.

(*El Cabo le mira fijamente.*) Cuando era sargento. Dos muertos en acciones de guerra [84] y uno durante un período de instrucción. ¿Es cierto?

CABO. — (*Después de un silencio.*) Sí. Maté a dos cobardes. A uno porque intentó huir. Esto fue en la guerra pasada. Ya en ésta, se repitió la historia . . . Se negaba a saltar de la trinchera. (*Javier baja la vista.*)

PEDRO. — ¿Y el tercero?

CABO. — (*Sombrío.*) Lo del tercero [85] . . . fue un accidente.

PEDRO. — ¿Un accidente?

CABO. — ¡Sí! (*Se levanta. Sombrío, recorre la habitación.*)

PEDRO. — ¿Qué clase de accidente?

CABO. — (*Se pasea.*) En instrucción, explicando el cuerpo a cuerpo [86] . . . haciendo asalto a bayoneta [87] . . . Tuvo él la culpa . . . Era torpe, se puso nervioso . . . No sabía ponerse en guardia . . .[88]

PEDRO. — ¿Lo mató? ¿Allí mismo . . . quedó muerto? [89]

CABO. — No me di cuenta de lo que hacía. El chico temblaba y estaba pálido. Me dio rabia.[90] Lo tiré al suelo de un golpe, y ya no sé lo que me pasó. Tuve un ataque.[91] Lo rematé yo mismo [92] . . . allí. Lo cosí a bayonetazos. Me había enfurecido. Era torpe . . . un muchacho pálido, con pecas . . . (*cambia de tono*) y ahora que lo recuerdo me parece que tenía . . . (*tuerce la boca*) una mirada triste . . . (*Ha ido oscureciendo.*) [93]

OSCURO TOTAL [94]

[84] **Dos muertos ... guerra** Two killed in action
[85] **Lo del tercero** The third case
[86] **el cuerpo a cuerpo** hand to hand fighting
[87] **haciendo asalto a bayoneta** attacking with the bayonet
[88] **No sabía ponerse en guardia** He didn't know how to defend himself
[89] **¿Allí mismo ... quedó muerto?** Right there . . . he died?
[90] **Me dio rabia.** He got me mad.
[91] **Tuve un ataque.** I went wild.
[92] **Lo rematé yo mismo** I finished him off myself
[93] **Ha ido oscureciendo.** It has been getting dark gradually.
[94] **Oscuro total** Blackout

CUADRO 2

(*Vuelve la luz poco a poco. Es por la mañana. Luis está acostado. Javier, sentado junto a él. Pedro barre el suelo. Andrés se está afeitando frente a un espejito, junto a la ventana.*)

JAVIER. — No te preocupes, muchacho. Eso no será nada. Seguramente un poco de frío que has cogido . . . Te ha bajado la fiebre . . . Es buena señal.

PEDRO. — (*Barriendo.*) Déjalo ahora. A ver si se duerme.

JAVIER. — (*Se levanta.*) ¿Has oído cómo deliraba esta noche?

PEDRO. — Sí. Pobre chico . . . Seguro que ha tenido 40 de fiebre [1] . . . Qué cosas decía . . . (*Barre.*) Buen susto me llevé [2] cuando fui a relevarle. Tumbado en el suelo . . . sin sentido.

ANDRÉS. — (*Que está acabando de afeitarse.*) Ese hombre es un bruto. ¿Por qué le obligó a hacer la guardia, si estaba malo? Y vosotros, ¿por qué le dejasteis ir?

PEDRO. — Y tú, ¿por qué te viniste, viendo que no podía tenerse en pie? [3] Habértelo traído.[4]

ANDRÉS. — ¿Y dejar el puesto de guardia solo? Ese hombre hubiera sido capaz de matarme. Está loco. No conoce otra norma de conducta que las ordenanzas militares. Vete tú a hablarle de compasión y de amor al prójimo.

JAVIER. — (*Que habla débilmente.*) Tiene razón Andrés. Toda su moral está escrita en las ordenanzas del ejército.[5] Y si

---
[1] **Seguro que ... fiebre** He surely had a 40 degree temperature (40° centigrade = 104° Fahrenheit)
[2] **Buen susto me llevé** I got a real scare
[3] **no podía tenerse en pie** he couldn't stand on his feet
[4] **Habértelo traído.** You should have brought him back.
[5] **Toda su moral ... ejército.** He lives by the book (military manual).

sólo fuera eso . . . pero además es agresivo, hiriente. Anoche trató de burlarse de mí, contando lo que a nadie le importa.[6] ¿Qué tiene él que decir de nosotros? ¿No os disteis cuenta? Parecía que nos amenazaba con contar lo que sabe de cada uno. Yo creo que a nadie le importa la vida de los demás.[7] *(El enfermo dice algo que no llega a oirse.*[8]*)*

PEDRO. — *(Se acerca.)* ¿Qué dices?

LUIS. — *(Hace un esfuerzo.)* A mí no me importa decir [9] por qué me trajeron a esta escuadra. Me negué a formar en un piquete de ejecución.[10] Eso es todo. Yo no sirvo para matar a sangre fría.[11] Lo llaman "insubordinación" o no sé qué. Me da igual.[12] Volvería a negarme . . .

PEDRO. — Bien, cállate. No te conviene ahora. Te subiría la fiebre. Lo que tienes que hacer es descansar.

LUIS. — Yo . . . he querido decir . . .[13]

PEDRO. — Te hemos entendido. Calla. *(Javier se ha levantado y está de pie, un poco apartado. Enciende un pitillo. Fuma. De pie. Inmóvil.)*

ANDRÉS. — *(Ha guardado los cacharros de afeitarse. Queda sentado en su petate.)* Mirándolo bien,[14] es horrible lo que nos ha ocurrido a nosotros, por una cosa o por otra.

JAVIER. — Sí.

ANDRÉS. — Esto es una ratonera. No hay salida. No tenemos salvación.

JAVIER. — Ésa es *(con una mueca)* la verdad. Somos una escuadra de condenados [15] a muerte.

ANDRÉS. — No . . . es algo peor . . . de condenados a esperar la

[6] **contando ... le importa** telling things which are nobody's business
[7] **la vida de los demás** somebody else's life
[8] **que no llega a oirse** which isn't heard
[9] **A mí no me importa decir** I don't mind saying
[10] **Me negué ... ejecución.** I refused to join a firing squad.
[11] **Yo no sirvo ... fría.** I'm no good for killing in cold blood.
[12] **o no sé qué. Me da igual.** or something like that. It's all the same to me.
[13] **he querido decir** I meant
[14] **Mirándolo bien** When you think about it carefully
[15] **condenados** men condemned

CUADRO 2

muerte. A los condenados a muerte los matan. Nosotros
... estamos viviendo ...

PEDRO. — Os advierto que hay muchas escuadras como ésta a lo largo del frente. No vayáis a creeros [16] que estamos en una situación especial. Lo que nos pasa no tiene ninguna importancia. No hay nada de qué envanecerse.[17] Esto es lo que llaman una "escuadra de seguridad" ... un cabo y cinco hombres como otros ... *(Andrés no le oye.)*

ANDRÉS. — Estamos *(con un escalofrío)* a cinco kilómetros de nuestra vanguardia, solos en este bosque. No creo que sea para tomarlo a broma.[18] A mí me parece ... un castigo terrible. No tenemos otra misión que hacer estallar [19] un campo de minas y morir, para que los buenos chicos de la primera línea se enteren y se dispongan a la defensa. Pero a nosotros, ¿qué nos importará ya esa defensa? Nosotros ya estaremos muertos.

PEDRO. — Ya está bien, ¿no? [20] Pareces un pájaro de mal agüero.

ANDRÉS. — Si es la verdad, Pedro ... Es la verdad ... ¿Qué quieres que haga? ¿Que me ponga a cantar? [21] Es imposible cerrar los ojos. Yo ... yo tengo miedo. Ten en cuenta que [22] ... yo no he entrado en fuego aún [23] ... Va a ser la primera vez ... y la última. No me puedo figurar lo que es un combate.[24] Y ... ¡es horrible!

PEDRO. — Un combate no es nada. Lo peor ya lo has pasado.[25]

ANDRÉS. — ¿Qué es ... lo peor?

PEDRO. — El campamento. La instrucción. Seis, siete horas marchando bajo el sol, cuando el sargento no tiene compasión de ti, ¡un! ¡dos!, ¡un! ¡dos!, y tú sólo pides tumbarte boca

---

[16] **No vayáis a creeros** I hope you don't think
[17] **No hay ... envanecerse.** There's nothing to be proud of.
[18] **No creo ... broma.** I don't think that it is to be taken as a joke.
[19] **hacer estallar** to blow up
[20] **Ya está bien, ¿no?** That's enough of that, don't you think?
[21] **¿Qué quieres ... a cantar?** What do you want me to do? Start singing?
[22] **Ten en cuenta que** Bear in mind that
[23] **Yo no he entrado en fuego aún** I haven't been under fire yet
[24] **lo que es un combate** what combat is like
[25] **Lo peor ... pasado.** You've already had the worst of it.

arriba [26] como una bestia reventada. Pero no hay piedad. Izquierda, derecha, desplegarse, ¡un! ¡dos! Paso ligero,[27] ¡un-dos!, ¡un-dos! Lo peor es eso. Largas marchas sin sentido. Caminos que no van a ninguna parte.

ANDRÉS. — (*Lentamente.*) Para mí lo peor es esta larga espera.

PEDRO. — Cuatro días no es una larga espera, y ya no puedes soportarlo . . . Figúrate si esto dura días y días . . . A mí me parece que hay que reservarse, tener ánimo . . . por ahora . . . Ya veremos . . .[28]

ANDRÉS. — (*Nervioso.*) ¿No decían que la ofensiva era inminente? Yo ya me había hecho a la idea de morir,[29] y no me importaba. "Nos liquidan y se acabó." [30] Pero aquí parece que no hay guerra . . . El silencio . . . Sabemos que enfrente, detrás de los árboles, hay miles de soldados armados hasta los dientes y dispuestos a saltar sobre nosotros. ¿Quién sabe si ya nos han localizado y nos están perdonando la vida? Nos tienen bien seguros [31] y se ríen de nosotros. Eso es lo que pasa, ¡cazados en la ratonera! Y queremos escuchar algo . . . y sólo hay el silencio . . . Es posible que meses y meses. ¿Quién podrá resistirlos?

JAVIER. — (*Con voz grave.*) Dicen que son feroces y crueles . . . pero no sabemos hasta qué punto . . . Se nos escapa [32] . . . Y eso que se nos escapa es lo que da más miedo. Sabemos que su mente está dispuesta de otra forma [33] . . . y eso nos inquieta, porque no podemos medirlos,[34] reducirlos a objetos, dominarlos en nuestra imaginación [35] . . . Sabemos que creen fanáticamente en su fuerza y en su verdad . . . Sabemos que nos creen corrompidos, enfermos, incapaces del más pequeño movimiento de fe y de esperanza.

---

[26] **tumbarte boca arriba** to lie down on your back
[27] **Paso ligero** On the double
[28] **Ya veremos** We'll soon see
[29] **Yo ya ... morir** I had already gotten used to the idea of dying
[30] **y se acabó** and it's all over
[31] **Nos tienen bien seguros** They have us under control
[32] **Se nos escapa** We don't know
[33] **Sabemos que ... forma** We know they have a different mentality
[34] **no podemos medirlos** we can't figure them out
[35] **dominarlos en nuestra imaginación** imagine exactly how they are

CUADRO 2

Vienen a extirparnos, a quemar nuestras raíces... Son capaces de todo. Pero, ¿de qué son capaces? ¿De qué? Si lo supiéramos puede que tuviéramos miedo..., pero es que yo no tengo miedo. Es como angustia... No es lo peor morir en un combate... Lo que me aterra ahora es sobrevivir... caer prisionero... porque no puedo imaginarme cómo me matarían...

ANDRÉS. — Sí, es verdad. Comprendo lo que quieres decir. Si tuviéramos enfrente soldados franceses... o alemanes... todo sería muy distinto. Los conocemos. Hemos visto sus películas. Hemos leído sus libros. Sabemos un poco de su idioma. Es distinto.

JAVIER. — Es terrible esta gente... este país... Estamos muy lejos...

PEDRO. — Lejos, ¿de qué?

JAVIER. — No sé... Lejos... (*Un silencio. Pedro, que ha mirado su reloj, se está poniendo el capote y el correaje. Coge el fusil.*)

PEDRO. — Hasta luego.

ANDRÉS. — Hasta luego. (*Sale Pedro. Un silencio.*) ¿Qué hará el cabo?[36]

JAVIER. — Un largo paseo por el bosque... Vigilancia... O estará inspeccionando el campo de minas. No puede estarse quieto. (*Andrés saca cigarrillos. Ofrece a Javier. Fuman.*)

ANDRÉS. — (*Después de un silencio.*) Cuando anoche el cabo habló de nosotros, me di cuenta de que tú estabas muy pálido. (*Javier no se mueve.*) A mí tampoco me hizo mucha gracia.[37] Es que... a nadie le importa,[38] ¿verdad?, lo que uno ha hecho.

JAVIER. — No. A nadie le importa.

ANDRÉS. — Yo prefiero no meterme en la vida de los demás y que nadie se meta en la mía.

JAVIER. — Yo también.

---
[36] **¿Qué hará el cabo?** What can the Corporal be doing?
[37] **A mí ... gracia.** I didn't think it was very funny either.
[38] **a nadie le importa** it's nobody's business

ANDRÉS. — A un amigo se le puede contar todo, hasta un secreto, pero tiene que ser eso, un amigo.

JAVIER. — Claro.

ANDRÉS. — En la guerra a mí me parece que es muy difícil hacer amigos. Nos volvemos demasiado egoístas, ¿verdad? Sólo pensamos en nosotros mismos, en salvar el pellejo, aunque sea a costa de los demás. Me refiero a la gente normal, quitando a los héroes . . .

JAVIER. — (*Sonríe.*) Eso debíamos hacer, quitar a los héroes . . . y no habría guerras. (*Andrés ríe.*)

ANDRÉS. — Los otros dicen que tú eres antipático y que te crees superior, pero yo no estoy de acuerdo. ¿Es cierto que has sido profesor de la Universidad?

JAVIER. — Sí.

ANDRÉS. — Profesor, ¿de qué?

JAVIER. — De Metafísica. (*Andrés ríe.*) ¿De qué te ríes?

ANDRÉS. — De eso. Me hace gracia. Profesor de Metafísica. Y ahora eres una porquería como yo, que no pasé del segundo curso.[39] El hoyo común . . . para todos.

JAVIER. — Sí, tiene mucha gracia.

ANDRÉS. — No me gustaba estudiar, es decir, creo que me emborrachaba demasiado. Llegué a tener delirios.[40] Yo no servía para estar en las aulas, ni para contestar seriamente a las estúpidas preguntas de los profesores. Hasta que mis padres se cansaron y entonces me fui de casa. Tenía veintiséis años y todavía iba por el segundo curso. (*Ríe.*)

JAVIER. — ¿Te fuiste de casa? ¿Y a dónde?

ANDRÉS. — (*Ríe.*) Fundé un hogar. Quiero decir que me junté con una chica. Yo no era capaz de ganar ni para comer [41] pero naturalmente seguí emborrachándome con los amigos. Riñas de madrugada, palos de los serenos, comisaría . . .

---

[39] **que ... segundo curso** who didn't get by the second year
[40] **Llegué a tener delirios.** I ended up by talking nonsense.
[41] **de ganar ni para comer** of earning even enough to eat

CUADRO 2

caídas, sangre . . . lo normal. Me separé de mi mujer . . . y me quedé solo . . . Pude, por fin, beber sin dar cuentas a nadie [42] . . ., sin que nadie sufriera por mí [43] . . . (*Parece que se le han humedecido los ojos.*) Una historia vulgar, como ves. Lo único que me consuela es pensar que el trabajo que no hice, no hubiera servido para nada . . . Me hace gracia verte aquí, en esta horrible casa, con tu brillante carrera universitaria, siempre de codos sobre los libros,[44] ¿no?, ¡y oposiciones! Una ejemplar historia que termina como la del golfo, la del borracho incorregible . . . incapaz de ganar su vida honesta y sencillamente. ¿Eh? Me parece que no ha merecido la pena, amigo.

JAVIER. — Puede . . . puede que no haya merecido la pena. Yo estudiaba porque tenía que sostener a mi madre y los estudios de mi hermano. Quería ver despejado el porvenir. Quería ganar dinero "honesta y sencillamente," como tú dices. Se habían sacrificado por mí y yo tenía la obligación de no defraudar a mi padre . . . ni el cariño y la confianza de mi madre . . .

ANDRÉS. — ¿Qué era tu padre?

JAVIER. — Empleado de un banco. Soñaba para mí un porvenir digno y brillante. El pobre no llegó a verlo. Murió antes de que yo cobrara mi primer sueldo en la Universidad.

ANDRÉS. — ¿Pero tú no veías que estabas trabajando para nada? ¿No te dabas cuenta de que "esto" tenía que llegar? Si se mascaba en el ambiente esta guerra [45] . . . la tercera gran guerra del siglo veinte . . . puede que la última guerra. Tantos libros, y no te dabas cuenta de lo más importante.

JAVIER. — No. No me daba cuenta. Yo estaba en la biblioteca. Allí no había tiempo. Las alarmas de los periódicos me parecían eso, periodismo. En el fondo, estaba convencido

---

[42] **sin dar cuentas a nadie** without accounting to anyone
[43] **sin que ... mí** without anybody suffering because of me
[44] **siempre de ... libros** always bent over your books
[45] **Si se mascaba ... guerra** This war was in the air

de que el mundo estaba sólidamente organizado, de que no iba a ocurrir nada y de que había que luchar por la vida.

ANDRÉS. — Yo no tenía esa impresión de solidez. A mí me parecía que vivíamos en un mundo que podía desvanecerse a cada instante. Me daba cuenta de que estábamos en un barco que se iba a pique.[46] No merecía la pena trabajar, y a mí me venía muy bien.[47]

JAVIER. — Te dabas cuenta de todo, Andrés.

ANDRÉS. — Por lo menos eso digo ahora. Me parece que, pensándolo, quedo justificado. A estas alturas uno siente la necesidad de justificarse. (*Se abre la puerta. Entra Adolfo. Viene renegando. Se quita el capote.*) ¿Qué te pasa?

ADOLFO. — Estoy harto.

ANDRÉS. — Alguna amable indicación del cabo, ¿no?

ADOLFO. — Me ha doblado la imaginaria de esta noche.[48]

ANDRÉS. — ¿Por qué?

ADOLFO. — Dice que me ha visto sentado en el puesto de guardia.

ANDRÉS. — ¿Y no es verdad?

ADOLFO. — Sí, ¿y qué?[49] (*Se sienta.*) Además es asqueroso... Nos espía... Vigila hasta nuestros más pequeños movimientos. Así no se puede vivir. Estoy harto. Ahora, mientras se alejaba, me han dado ganas de pegarle un tiro.[50]

ANDRÉS. — No creo que sea para tanto.[51]

ADOLFO. — Sí, pegarle un tiro..., acabar con él[52]... Nos quedaríamos en paz. El poco tiempo que nos queda de vida podríamos pasarlo tranquilamente... Nadie se iba

---
[46] **que se iba a pique** that was sinking
[47] **y a mí ... bien** and that suited me fine
[48] **Me ha doblado ... noche.** He has doubled my guard duty for tonight.
[49] **Sí, ¿y qué?** Sure, so what?
[50] **me han dado ... tiro** I felt like shooting him
[51] **No creo ... tanto.** I don't think it's that bad.
[52] **acabar con él** finish him off

a enterar nunca [53] . . . Y aunque llegaran a enterarse, a nosotros ya no nos importaba.

ANDRÉS. — ¿Pero qué estás diciendo? ¿Te has vuelto loco?

ADOLFO. — No. No estoy loco. Lo he pensado de verdad. A mí no me importa . . . He hecho cosas peores . . . Quiero vivir en paz, hacer lo que me dé la gana. Es . . . (*Ríe desagradablemente.*) mi última voluntad. (*Al ver la cara de los otros vuelve a reír. En este momento entra el Cabo. Hay en ellos un movimiento de inquietud. Rehuyen la mirada del Cabo.*)

CABO. — ¿Qué os pasa? ¿De qué estabais hablando?

ANDRÉS. — (*Después de una pausa.*) Adolfo nos ha contado una historia divertida . . . pero a mí no me ha hecho mucha gracia. ¿Y a ti, Javier?

JAVIER. — (*Mirando a Adolfo.*) No. A mí tampoco.

OSCURO

CUADRO 3

(*Sobre el "oscuro" Javier enciende una cerilla y con ella una vela. Está inquieto. Se sienta en su petate. Se ve, confusamente, durmiendo, al Cabo, a Luis, a Adolfo y a Andrés.*[54] *Javier saca un cuadernito, lo pone en las piernas y escribe con un lápiz.*)

JAVIER. — "Yo, Javier Gadda, soldado de infantería, pido a quien encuentre mi cadáver, haga llegar [55] a mi madre, cuyo

---
[53] **Nadie ... nunca.** No one would ever find out.
[54] **Se ve ... Andrés.** You can hardly see the Corporal, Luis, Adolfo and Andrés sleeping.
[55] **haga llegar** inform

nombre y dirección escribo al pie de esta declaración, las circunstancias que sepa de mi muerte, dulcificándolas a ser posible en tal medida [56] que, sin faltarse a la verdad, sea la noticia lo menos dura para ella; [57] así como el lugar donde mis restos reposen. Han pasado ya quince días desde que ocupamos este puesto. La situación se está haciendo, de momento en momento, insoportable. La ofensiva no se produce y los nervios están a punto de saltar. Solamente el cabo permanece inalterable. Nos levantamos a las seis de la mañana no sé para qué. Seguimos un horario rígido de comidas y de servicio. Nos obliga a limpiar los equipos y la casa. Tenemos que afeitarnos diariamente y sacarle brillo a las armas y a las botas. Todo esto es estúpido en cualquier caso y más en el nuestro. Estos días me he dado cuenta de la verdad. Parece que estamos quietos, encerrados en una casa, pero en realidad marchamos, andamos día tras día. Somos una escuadra hacia la muerte.[58] Marchamos disciplinadamente, obedeciendo a la voz de un loco, el cabo Goban." *(Se remueve Andrés. Enciende una cerilla y mira la hora en su reloj. Javier deja de escribir. Andrés bosteza. Se levanta penosamente, renegando. Ve a Javier.)*

ANDRÉS. — ¿Qué haces ahí?

JAVIER. — Me he desvelado. Estoy escribiendo una carta.

ANDRÉS. — ¿Una carta? ¿Para qué? Aquí no hay correo. *(Acaba de ponerse el capote. Coge el fusil.)* La deliciosa hora del relevo . . . *(Sale tambaleándose. Javier se pasa la mano por la frente. Vuelve a escribir.)*

JAVIER. — "El que encuentre este cuaderno sepa que he sido un cobarde. Ésta es una historia que no me atrevo a contar a los otros. Cuando me llamaron a filas traté de emboscarme. Desde entonces tengo ficha de desertor [59] en el ejército. Luego he sabido ilustrar esa ficha [60] con varios actos ver-

---

[56] **dulcificándolas ... medida** softening them if possible to such a point
[57] **sea la noticia ... ella** the news may be as gentle as possible for her
[58] **una escuadra hacia la muerte** a condemned squad
[59] **tengo ficha de desertor** I am on file as a deserter
[60] **Luego ... ficha** Later I managed to adorn that file

CUADRO 3

gonzosos. En la instrucción no me atrevía a lanzar las bombas de mano. Luego, en acciones de guerra, he palidecido y he llorado cuando tenía que saltar de la trinchera. Pero lo que no puedo olvidar es que, un día, en una retirada, cuando hirieron a mi compañero y cayó a mi lado, oí que me decía:[61] "Vete, vete, déjame" . . . ¡como si yo hubiera pensado en quedarme . . . ! ¡No! ¡Yo no había pensado en detenerme a su lado, en decirle: ¿Quieres algo para tu madre? ¿Qué digo a tu novia? ¡Yo huía, huía como un loco frenético . . . y apenas volví la cabeza para ver a mi compañero . . . caído de bruces, herido de muerte![62] (*Alguien se remueve. Javier levanta la cabeza. Es el Cabo.*)

CABO. —(*Entre sueños,*[63] *agitadísimo.*) ¡Ha sido un accidente! ¡Ha sido un accidente! ¡Yo no he querido hacerlo! ¡Ha sido . . . un accidente! (*Gime y da vueltas.*)

JAVIER. — (*Vuelve a escribir.*) "El demonio del cabo también tiene algo que olvidar. En realidad, todos estamos aquí con una culpa en el corazón y un remordimiento en la conciencia. Puede que éste sea el castigo que nos merezcamos y que, en el momento de morir, seamos una escuadra de hombres purificados y dignos."

LUIS. — (*Desde su colchoneta.*) ¡Javier! ¡Javier!

JAVIER. — (*Levanta la vista del cuaderno.*) ¿Qué hay?

LUIS. — (*Se queja.*) Me encuentro muy mal.

JAVIER. — ¿Quieres algo?

LUIS. — No . . .

JAVIER. — Pues trata de dormir.

LUIS. — Es que . . . no puedo . . . (*Da una vuelta y queda inmóvil. Javier vuelve a fijar la vista en el cuaderno.*)

JAVIER. —"A la hora del resumen,[64] me extraña el infame egoísmo que me hizo pensar en sobrevivir, cuando estalló la guerra. Si esta lucha es, como creo, un conflicto infame,

---

[61] **oí que me decía** I heard him say to me
[62] **caído de bruces ... muerte** fallen face down, fatally wounded
[63] **Entre sueños** Dreaming
[64] **A la hora del resumen** Now that the end is near

yo también lo he sido tratando de evadirme, aferrándome grotescamente a la vida, como si yo fuera el único digno de vivir mientras los demás estaban dando su sangre, dando generosa y resignadamente su sangre, limitándose a morir,[65] sin pedir explicaciones, con generosidad y desinterés. Ésta es mi culpa. Éste es mi castigo. Ahora sólo deseo que haya una lucha, que yo me extinga en ella, y que mi espíritu se salve. (*Deja de escribir un momento. Por fin:*) En el momento en que voy a firmar esta declaración pienso en mi madre. Sé que ella estará despierta y llorando . . . de eso sí que nadie puede consolarme en el mundo [66] . . . Nadie puede enjugar de mis ojos . . . el llanto de mi madre . . ." (*Se abre la puerta. Aparece Pedro. Viene de la guardia.*)

PEDRO. — ¡El maldito Andrés! Creí que no llegaba. Me estaba helando de frío. (*Se sienta y se frota las manos.*) ¿Qué haces? (*Javier cierra el cuaderno.*)

JAVIER. — (*Con voz insegura.*) Estaba . . . escribiendo una carta . . . (*Sobre el oscuro suena, por tres veces, un silbato.*) [67]

OSCURO

CUADRO 4

(*Empieza a amanecer. El Cabo está de pie, guardándose el silbato. Pedro, Andrés y Adolfo se levantan de dormir. Luis se remueve. Javier no está.*)

CABO. — (*Sacude a Luis.*) ¡Arriba! ¡Ya está bien de enfermedad! [68]

ADOLFO. — (*Calzándose las botas.*) Tiene razón el cabo. Ayer no tenía fiebre.

---

[65] **limitándose a morir** just dying
[66] **de eso sí ... mundo** surely no one in the world can console me for that
[67] **Sobre el oscuro ... silbato.** During the blackout a whistle blows three times.
[68] **¡Ya está bien de enfermedad!** That's enough sickness for now!

CUADRO 4

PEDRO. — *(Bosteza.)* Anímate, muchacho. Es mejor para ir haciendo fuerzas.[69]

ADOLFO. — *(Echando agua en una palangana.)* ¿Cuántas horas de guardia nos debes, Luis? Podías haberte guardado la enfermedad para otra ocasión. Nos has fastidiado. Tengo un sueño espantoso. *(Luis se está levantando en silencio. El Cabo, mientras se lava, canturrea.)* Maldita sea. Esto es lo que peor aguanto.[70] Levantarme a estas horas . . . y con este frío . . . y con ese fondo musical . . . (El Cabo no le oye. Luis se ha puesto, trabajosamente, las botas, y se pone de pie. Vacila.)

PEDRO. — ¿Qué tal?

LUIS. — Parece que . . . bien . . . *(Echa a andar con ligeras vacilaciones.[71] Llega hasta el Cabo. Se pone en firmes.)* A sus órdenes, cabo.

CABO. — *(Le mira de arriba abajo.)* Esto está mejor. Lávate y te incorporas al servicio.[72] Rige el horario anterior a tu enfermedad. *(Pedro está echando leña en la chimenea y Adolfo prepara el café.)*

PEDRO. — ¡Uf! Vaya día.[73] Me parece que para Navidad tendremos nieve.

ANDRÉS. — *(Que se ha levantado en silencio, malhumorado, y en este momento se chapuza la cara.)* Hace mucho frío por las mañanas. Este frío me hace mucho mal. Luego voy entrando en reacción,[74] pero a estas horas . . . ¡Oh! *(Con un escalofrío.)* A estas horas . . . me parece que estoy enfermo. *(Pedro ríe.)* No es cosa de risa.[75] *(Pedro vuelve a reír.)*

PEDRO. — *(Enciende una cerilla y la aplica a la chimenea.)* Es cierto que hoy hace más frío. Adolfo, trae el café. Las galletas . . . *(Adolfo y Pedro se han sentado junto a la chimenea. Luis se acerca a ellos.)*

[69] **Es mejor ... fuerzas.** It helps to get back your strength.
[70] **Esto es ... aguanto.** This is the hardest thing for me to take.
[71] **Echa a ... vacilaciones.** He starts to walk a little unsteadily.
[72] **Lávate ... al servicio.** Wash up and take up your duties.
[73] **Vaya día.** What a day.
[74] **Luego ... reacción** Later on I start feeling better
[75] **No es cosa de risa.** It is nothing to laugh about.

Luis. — Me encuentro muy bien. Un poco débil, pero bien.

Pedro. — Siéntate aquí. (*Andrés tira la toalla al suelo y la pisotea.*) ¿Qué le pasa a ése?

Adolfo. — Se habrá vuelto loco.[76] (*Andrés se ha ido hacia el Cabo.*)

Andrés. — Cabo.

Cabo. — ¿Qué hay?

Andrés. — Cabo, tengo que decirle que esto me parece insoportable. No sé a qué viene levantarse a estas horas.[77] No hay razón para obligarnos a . . . (*Miradas de inquietud en los otros.*) He pensado decírselo varias veces. No estoy de acuerdo con este absurdo horario. Es gana de martirizarnos. Yo no estoy dispuesto a plegarme a sus caprichos. ¿Lo entiende? Estoy harto de . . .

Cabo. — (*Fríamente.*) Bueno. Cállate ya.

Andrés. — No. No voy a callarme. He empezado a hablar y hablaré. Yo tengo frío a estas horas. Frío y sueño. ¿Por qué? Porque a un tipo con un miserable galón se le ocurre que tenemos que levantarnos a las seis de la madrugada. Estoy seguro de que los demás piensan lo mismo. ¿Verdad, muchachos? No hay razón para que nos haga [78] . . . (*El Cabo le coge del cuello de la guerrera.*)

Cabo. — (*Entre dientes.*) ¡Cállate, imbécil! ¡Cállate!

Andrés. — ¡Suélteme! ¡Estoy harto de su condenada . . . ! (*El Cabo le da un puñetazo en el estómago. Andrés gime y se dobla. Al inclinarse recibe otro en la cara y cae al suelo. El Cabo le pega una patada en el pecho. Andrés queda inmóvil. El Cabo se inclina, lo incorpora y vuelve a rechazarlo contra el suelo.*)

Pedro. — (*Que se ha levantado. Sombrío.*) Cabo. Ya está bien.[79] (*El Cabo mira a Pedro, que le sostiene la mirada. Los otros se han levantado también.*)

---

[76] **Se habrá vuelto loco.** He has probably gone crazy.
[77] **No sé ... horas.** I can't figure out why we have to get up at this hour.
[78] **No hay razón ... haga ...** There is no reason for him to make us . . .
[79] **Ya está bien.** That's enough.

CUADRO 4

CABO. — (*A Adolfo.*) Dame el café. (*Adolfo echa lentamente café en un cacharro y se lo alarga al Cabo. Éste lo bebe. Coge el fusil y sale. Pausa.*)

ADOLFO. — Ya lo veis . . . que es una bestia.

PEDRO. — (*Que atiende a Andrés.*) Luis, trae agua. (*Luis se la lleva. Pedro se la echa a Andrés por la cara. Éste parece reanimarse. Se queja.*) Le ha dado bien.[80] Si no le ha roto una costilla será un milagro.

ANDRÉS. — (*Quejándose del lado derecho.*) Me ha dado . . . un golpe de muerte. No habéis sido capaces de . . . impedir . . .

PEDRO. — Trata de levantarte. (*Andrés se levanta, ayudado. Anda, encogido, hacia su colchoneta. Una mano crispada sobre el costado. Se sienta.*)

ANDRÉS. — Ése . . . me las paga [81] . . . Esta vez . . . No me va a ser preciso estar borracho para . . . cargarme a un hombre. La otra vez estaba borracho.

PEDRO. — ¿La otra vez? ¿Cuándo?

ANDRÉS. — Estoy aquí por haber matado a un sargento, ¿no lo sabíais? Si me cargo a este tipo, no será la primera vez que me mancho las manos de sangre.

ADOLFO. — ¿Dónde fue?

ANDRÉS. — ¿Qué?

ADOLFO. — La muerte de ese sargento.

ANDRÉS. — En el campo de instrucción. Me emborraché en la cantina y volví a la compañía después de silencio. El idiota del sargento me provocó y le metí una puñalada sin sentirlo.[82] Yo no tuve la culpa. No supe lo que hacía. Esta vez sí voy a saberlo. Yo no me meto con nadie [83] pero sé defenderme. Puede que me ponga nervioso, pero lo mato. Me ha coceado como a una mula. (*Se lleva la mano a la boca y la retira aprensivamente. La mira, pálido.*)

---

[80] **Le ha dado bien.** He gave him an awful beating.
[81] **Ése ... me las paga.** That guy is going to pay for this.
[82] **Le metí ... sentirlo.** I stabbed him without being aware of it.
[83] **Yo no me meto con nadie** I don't pick a quarrel with anyone.

Luis. — ¿Qué tienes?

Andrés. — (*Con la voz estrangulada.*) Es sangre.

Pedro. — (*Después de un penoso silencio.*) Es . . . es posible que no sea nada. No hay que preocuparse. Puede ser un derrame sin importancia. Lo más seguro . . .[84]

Luis. — Sí, chico, no te preocupes. La sangre es muy escandalosa. A veces es mejor echar sangre. Si el mal se te queda dentro es peor. (*Andrés se ha tumbado boca arriba.*)

Andrés. — (*Débilmente.*) Dejadme. No me habléis de eso. Es preferible . . . no hablar . . . (*Tratando de aparecer sereno.*) No es nada. Y después de todo, ¿qué más da?[85] Si vamos a morir, me da igual llegar echando sangre por la boca.[86] (*Intenta reír.*) Me acuerdo ahora, no sé por qué, de otros tiempos. Nunca me gustó meterme en líos.[87] Yo he sido siempre de los que se van cuando el ambiente está un poco cargado. Me ha gustado el buen plan.[88] ¿Y qué me ha ocurrido? (*Ríe.*) Pues que siempre me he visto en los peores líos . . . me han dado navajazos . . . he matado a un sargento . . . y estoy aquí . . . Es curioso, ¿verdad? Es . . . (*Tose.*) muy (*Tose.*) curioso. (*Sigue tosiendo mucho y se hace el oscuro.*)

OSCURO

CUADRO 5

(*Un proyector ilumina la figura de Javier, en la guardia. Capote con el cuello subido y fusil entre*

---

[84] **Puede ser ... importancia. Lo más seguro** It is probably just a little trickle at most.
[85] **¿Qué más da?** What difference does it make?
[86] **me da igual ... boca** it's all the same to me to die spitting up blood
[87] **meterme en líos** to get mixed up in fights
[88] **Me ha ... plan.** I liked to live peacefully.

CUADRO 5

las manos enguantadas. Sus labios se entreabren y su voz suena, monótona.)

JAVIER. — No se ve nada ... sombras. De un momento a otro parece que el bosque puede animarse ... soldados ... disparos de fusiles y gritería ... muertos, seis muertos desfigurados, cosidos a bayonetazos ... es horrible ... No, es nada ... Es la sombra del árbol que se mueve ... Estas gafas ya no me sirven ... nunca podré hacerme otras ... Esto se ha terminado ... ¿Son pasos? Será Adolfo que viene al relevo. Ya era hora. *(Grita.)* ¿Quién vive? [89] *(Nadie contesta. El eco en el bosque.)* ¿Quién vive? *(El eco. Javier monta el fusil y mira, nervioso.)* No es nadie ... nadie ... Me había parecido ... Será el viento ... No viene Adolfo. ¿Qué le pasará? ¿Le habrá pasado algo? Puede que los hayan sorprendido en la casa. Yo no he oído nada pero puede [90] ... Es posible que a estas horas esté yo solo, rodeado ... Tengo miedo ... Hay que pensar en otra cosa. Hay que pensar en otra cosa. Es Navidad. Sí, ha llegado el tiempo ... Diciembre ... Mamá estará sola. Mañana es la víspera de Navidad. Si me pongo a pensar en esto voy a llorar ... No importa ... Necesito llorar ... Me hará bien ... Me he aguantado mucho ... Llorar ... Estoy llorando ... Hace mucho frío ... Mamá me ponía una bufanda, me decía que cerrara la boca al salir ... "No vayas a coger frío" [91] Si supiera que estoy muerto de frío ... Este puesto de guardia ... El viento se le mete a uno hasta los huesos [92] ... ¿Por qué no viene Adolfo? ¿Por qué no viene? Han pasado dos horas y más. ¡Un-dos! ¡Un-dos! Una escuadra hacia la muerte. ¡Un, dos! Lo éramos ya antes de estallar la guerra. Una generación estúpidamente condenada al matadero. Estudiábamos, nos afanábamos por las cosas, y ya estábamos encuadrados en una gigantesca escuadra hacia la muerte. Generaciones condenadas ...

---

[89] **¿Quién vive?** Who goes there?
[90] **pero puede** but perhaps (they did)
[91] **No vayas a coger frío.** Don't catch cold.
[92] **El viento ... los huesos** The wind gets right to your bones

46   PARTE PRIMERA

Hace frío. Esto no puede durar mucho... Estamos ya muertos... No contamos para nadie... ¡Un, dos! Nos despeñaremos perfectamente formados,[93] uno a uno. Yo no quiero caer prisionero. ¡No! ¡Prisionero, no! ¡Morir! ¡Yo prefiero... (*con un sollozo sordo*) morir! ¡Madre! ¡Madre! ¡Estoy aquí... lejos! ¿No me oyes? ¡Madre! ¡Tengo miedo! ¡Estoy solo! ¡Estoy en un bosque, muy lejos! ¡Somos seis, madre! ¡Estamos... solos... solos... solos...! (*La voz, estrangulada, se pierde y resuena en el bosque. Javier no se ha movido desde la frase "no es nadie."*)

OSCURO

CUADRO 6

(*Se oye—sobre el oscuro—una canción de Navidad cantada con la boca cerrada*[94] *por varios hombres. Se enciende la luz. Lámparas de petróleo. Hay en el centro de la escena un árbol de Navidad. A su alrededor, Andrés, Pedro, Adolfo y Javier. Están inmóviles, murmurando la canción. Cuando terminan, Javier se va a su colchoneta, se sienta en ella y hunde la cabeza entre las manos.*)

ADOLFO. — ¿Qué le pasa a ése?
PEDRO. — No sé. Verdaderamente... esta noche... (*Se retira él también.*) Le da a uno por pensar más que de costumbre.[95] A mí siempre me ha pasado. Me pone triste la Noche-

[93] **Nos... formados** We'll jump off a cliff in perfect formation
[94] **cantada ... cerrada** hummed
[95] **Le da a uno ... costumbre.** It makes one think more than usual.

CUADRO 6

buena. Me trae siempre recuerdos y... (*Acaba la frase ininteligiblemente.*)

ANDRÉS. — Piensas en la familia, ¿no?

PEDRO. — Pienso... (*Hace una mueca dolorosa.*) Estaba pensando en mi mujer.

ANDRÉS. — ¿Dónde está tu mujer?

PEDRO. — En casa, en Berlín. Últimamente yo trabajaba allí. Me pagaban bien... Cuando empezó la guerra, Berlín se convirtió en un infierno. Entraron en nuestra zona... y hubo algunos horrores... Yo estaba en Bélgica probando unas máquinas que nuestra fábrica iba a comprar... Cuando pude volver me enteré de lo que había pasado... Encontré que mi mujer... había sido... violentamente... (*Oculta la cara entre las manos.*) Entré en la guerra sólo para matar. No me importaba nada, una idea ni otra. Matar a todos... los que vistieran aquel uniforme. Cualquiera de ellos podía ser... aquel salvaje.

ADOLFO. — ¿Qué hiciste con aquellos prisioneros?

PEDRO. — No lo sé... aullaban... Me dio como un ataque de locura.[96] ¡Aquellos uniformes! Había más de cien prisioneros para mí en aquel barracón... Me calmó mucho... Ahora estoy mejor... Mucho mejor... (*Un silencio.*)

ANDRÉS. — Señores, esta noche voy a emborracharme. Es Navidad.

PEDRO. — (*Levanta la cabeza.*) ¿Qué vas a hacer?

ANDRÉS. — Tomarme una copa.[97]

PEDRO. — Tienes razón. Podemos pedir permiso al cabo y celebrar la Nochebuena. Va a ser lo mejor...

ADOLFO. — ¡Pedirle permiso! ¿Para qué? No nos lo iba a dar.[98]

PEDRO. — Es posible que si se le dice...

---
[96] **Me dio ... locura.** I went stark raving mad.
[97] **Tomarme una copa.** Have a drink.
[98] **No nos lo iba a dar.** He wouldn't give it to us.

48 PARTE PRIMERA

ADOLFO. — Qué va [99] ... "El alcohol es enemigo de la disciplina," y todo eso. Andrés, si quieres tomarte una copa, tómatela. Yo te acompaño. El que tenga miedo que se dedique a [100] la pura contemplación. Vamos.

PEDRO. — Un momento. Yo también estoy dispuesto a tomarme una copa, pero antes hay que pensar qué vamos a decirle al cabo.

ANDRÉS. — Al cabo se le dice ... (*se ha echado en su vaso* [101] *y se lo bebe*) que teníamos sed. Toma. (*Adolfo alarga el vaso y bebe largamente.*) Está bueno, ¿eh?

ADOLFO. — Buenísimo.

PEDRO. — Bien ... Si os acompaño es por no dejaros solos [102] frente al cabo. (*Risas.*) Trae.[103]

ANDRÉS. — Aquí tienes. (*Llena los tres vasos*). Eh, tú, Javier, ¿quieres brindar con nosotros?

JAVIER. — (*Se encoge de hombros.*) Bueno ... (*Se levanta y se acerca. Le echan coñac.*)

ANDRÉS. — Creo que debemos dar a esta celebración un carácter religioso. Dios nos libre de todo mal en el nombre del Padre, del Hijo y del Espíritu Santo.[104]

TODOS. — Amén.

ANDRÉS. — Venga ... A beber ... (*Beben, menos Pedro.*) Vamos, Pedro. ¿Es que no nos merecemos esta pequeña diversión?

PEDRO. — Sí ... (*Bebe. Andrés vuelve a echarles coñac y ahora beben en silencio. Adolfo, de pronto, se echa a reir. Ríe prolongadamente hasta contagiar la risa a los demás.*[105] *Se encuentran, de pronto, riendo, por primera vez. Parece como si se vieran de un modo distinto, como si todo lo*

---

[99] **Qué va** Nonsense
[100] **El que ... dedique a** Whoever is afraid let him devote himself to
[101] **se ha echado en su vaso** he has poured himself a drink
[102] **es por no dejaros solos** it's because I don't want to leave you alone
[103] **Trae.** Hand it over.
[104] **Dios nos libre ... Santo.** May God deliver us from all evil in the name of the Father, the Son and the Holy Ghost.
[105] **hasta ... a los demás** until infecting the others with laughter

CUADRO 6

anterior [106] *hubiera sido un mal sueño. Se calman.)* Pero, ¿de qué te reías?

ADOLFO. — De nada ... Es que de pronto me he dado cuenta ... de que no se está mal del todo aquí.[107] De modo que ... échanos un trago. *(Beben.)*

ANDRÉS. — *(Por Adolfo.)* Es un buen camarada, ¿eh? *(Los otros asienten.)* Un compañero ... como hay que ser ...

PEDRO. — *(Que de pronto se ha quedado taciturno.)* A mí no me parece un buen camarada. *(Durante el siguiente diálogo continúa el juego de la bebida.)* [108]

ANDRÉS. — ¿Por qué?

ADOLFO. — Tiene razón éste. Yo qué voy a ser un buen camarada.[109]

PEDRO. — *(A Adolfo.)* No debiste contármelo el otro día. Tú me eras simpático [110] ... antes.

ADOLFO. — Muchachos, Pedro se refiere a mi "turbio pasado." Si es que queréis saberlo, yo ...

ANDRÉS. — *(Le interrumpe.)* Tu turbio pasado me importa un bledo.[111] Déjanos en paz.

ADOLFO. — No soy un buen compañero ... ni me importa ... Dejé a la unidad sin pan y me quedé tan tranquilo [112] ... Le di salida a la harina [113] ... *(Ríe.)*

PEDRO. — Vendió el pan de sus camaradas.

ADOLFO. — No, no ... un momento ... El jefe del negocio era un brigada ... Yo actué de intermediario, de ayudante ... El brigada tenía poca práctica y tuve que explicarle ... Fue una pena ...[114] Hubo defectos de organización. Cuando vi que la cosa se ponía mal lo denun-

---
[106] **como si todo lo anterior** as if all the previous events
[107] **de que ... aquí** that it is not at all bad here
[108] **continúa el juego de la bebida** the drinking continues
[109] **Yo qué voy ... camarada.** I can hardly be considered a good comrade.
[110] **Tú me eras simpático** I liked you
[111] **me importa un bledo** doesn't interest me in the slightest
[112] **me quedé tan tranquilo** it didn't bother me at all
[113] **Le di salida a la harina** I peddled the flour
[114] **Fue una pena** It was too bad

cié. A él lo fusilaron y a mí me trajeron aquí. Bueno, y ahora . . . dadme de beber . . .

PEDRO. — Toma. Emborráchate. Eres de la raza de los que [115] especulan con el hambre del pueblo, miserable. (*Está ya bebido.*)

ADOLFO. — (*Bebe.*) No . . . No me trates así . . .

PEDRO. — Puerco . . .

ANDRÉS. — Deja al muchacho, hombre. Déjalo.

PEDRO. — ¿A qué te dedicabas antes de estallar la guerra? ¡Negocios!, dices tú. ¿A qué llamas negocios? Tú eres uno de los responsables de que estemos aquí, tú . . . con tus negocios. Eres capaz de todo . . . Los soldados sin pan, pero, ¿a ti qué te importa? ¡Que revienten! [116] ¿No es eso? ¡Que revienten! Nosotros, todos, somos hombres dignos, incluso el cabo . . . pero tú . . . tú eres un miserable. (*Trata de pegarle. Javier y Andrés lo sujetan.*)

ANDRÉS. — Basta ya . . . Estamos celebrando la Nochebuena . . . Estás metiendo la pata,[117] Pedro . . . Lo estás estropeando todo . . .

PEDRO. — Bueno . . . pues perdonadme . . . No ha sido mi intención molestaros . . . Me he enfadado de pronto . . . No sé por qué . . . (*Trata de andar y se tambalea.*) ¡Estoy . . . borracho! No he bebido casi y ya estoy . . . borracho! Adolfo, ¿me perdonas? He sido un bruto. Lo retiro todo. ¿Qué quieres que haga . . . para que me perdones?

ADOLFO. — Nada . . . Si tienes razón tú . . . (*Se abrazan.*)

ANDRÉS. — Bravo. Esto ya es otra cosa.[118] Javier, ¿qué te ocurre a ti?

JAVIER. — Nada. (*Ríe.*) Estoy bien.

ANDRÉS. — Tienes los ojos húmedos.[119]

JAVIER. — No es nada. (*Ríe.*)

[115] **Eres de la raza de los que** You're the kind that
[116] **¡Que revienten!** Let them rot!
[117] **Estás metiendo la pata** You're butting in
[118] **Esto ya es otra cosa.** That's more like it.
[119] **Tienes los ojos húmedos.** You have tears in your eyes.

ANDRÉS. — Sólo nos faltan . . . escuchadme . . . Sólo faltan las chicas. (*Se produce un silencio. Quedan inmóviles. Andrés trata de continuar.*) Cuatro . . . cuatro chicas, ¿verdad? (*Nadie dice nada.*) No están. (*Un silencio.*) Estamos solos.

PEDRO. — Déjalo, ¿quieres?[120] Déjalo . . . (*Un silencio.*)

ANDRÉS. — (*Se sienta.*) Es . . . una hermosa noche, ¿verdad? (*Nadie responde. Adolfo se levanta.*)

ADOLFO. — Bueno . . . Vamos a hacer . . . el último brindis . . . (*Pero queda clavado a mitad de camino.*[121] *Se ha abierto la puerta y ha aparecido el Cabo, con el fusil en bandolera. De una mirada abarca la escena y avanza al centro, sombrío. Hay un ligero movimiento de retroceso en todos.*)

CABO. — ¿Qué pasa aquí?

PEDRO. — (*Avanza un paso, vacilante. Habla con seguridad.*) Nada.

CABO. — Adolfo, acércate. (*Se está quitando el fusil de la bandolera.*)

ADOLFO. — (*Se acerca. Está pálido.*) A sus órdenes.

CABO. — Estáis borrachos.

ADOLFO. — Crea que . . . que no . . .[122]

CABO. — No puedes ni hablar. Mujerzuelas . . . indignos de vestir el uniforme. Os merecéis que os escupan en la cara . . . También os gustaría . . .

PEDRO. — Cabo, habíamos pensado celebrar . . .

ANDRÉS. — Sí, eso . . . Felices Pascuas, cabo. No se enfade hoy. Es día de perdón y de . . . alegría . . . Paz en la tierra . . . y gloria a Dios en las alturas[123] . . . Todo eso . . . Celebremos la Nochebuena. "Perdónanos nuestras deudas, así como nosotros . . ." etcétera, etcétera.

ADOLFO. — (*Sonriendo cínicamente.*) Es una noche que la Religión manda celebrar, cabo.

---
[120] **Déjalo, ¿quieres?** Cut it out, will you?
[121] **Pero queda ... camino.** But he stops suddenly half way across the room.
[122] **Crea que ... que no ...** Believe me . . . we're not . . .
[123] **en las alturas** in the highest

ANDRÉS. — Le perdono su patada del otro día si hoy nos alegramos. ¿Eh? De acuerdo. (*Va hacia el barrilito.*)

CABO. — Estate quieto, Andrés. No te acerques al barril. (*La voz ha sonado amenazadora. Andrés se detiene.*)

ANDRÉS. — Le suplico si quiere... Le suplico...

CABO. — Basta. Fuera de ahí.[124]

ADOLFO. — No hay nada que suplicar, Andrés. Esto se ha terminado. ¿Queréis beber?

ANDRÉS. — Yo sí.

PEDRO. — Sí, desde luego.

JAVIER. — (*Apoya la actitud de los otros.*) Sí. (*Adolfo se acerca al barrilito.*)

CABO. — Adolfo, lárgate. Te la estás jugando.[125] (*Se aproxima a Adolfo. El Cabo tiene el fusil empuñado por el guardamontes y la garganta. Adolfo echa coñac. El Cabo le pega un culatazo en la clavícula y lo arroja al suelo. A los otros, amenazador.*) Desde ahora va de verdad.[126] Tú, levántate. No ha sido nada. (*Adolfo se levanta penosamente. Empuña el machete. Al tratar de lanzarse sobre el Cabo, pierde el sentido y rueda por los suelos. Pedro, entonces, saca su machete. Inmediatamente, Andrés. Javier, al ver a los compañeros, saca el suyo. El Cabo queda acorralado contra la pared. Nadie se mueve.*)

PEDRO. — No ha debido usted hacerlo, cabo. No había motivos. Queríamos celebrar la Navidad.

ANDRÉS. — Ha sido un error. (*Avanza un paso. Los otros dos también.*) Ya no podríamos vivir con usted.

CABO. — (*Gravemente.*) Fuera de la casa. Hay que cortar leña. Pronto. (*A Javier.*) Tú, al relevo. Es tu hora. (*Javier no se mueve.*)

ANDRÉS. — El relevo tendrá que esperar.

CABO. — Javier, ¿lo estás oyendo? Al puesto de guardia.

---

[124] **Fuera de ahí.** Get away from there.
[125] **Te la estás jugando.** You're asking for trouble.
[126] **Desde ahora va de verdad.** From now on it's serious.

CUADRO 6

ANDRÉS. — No te vayas, Javier. Quédate a la función.[127] El cabo Goban no se da cuenta de que "estamos borrachos." Estamos completamente borrachos. (*Ríe imbécilmente. El Cabo, sin hacer el menor ademán de nerviosismo,*[128] *monta el fusil, y avanza, de espaldas al público, hacia la puerta. Ellos no se mueven. Al llegar a la altura de* [129] *Andrés, éste se arroja sobre él y le da un machetazo en la cara. El Cabo se lleva una mano al rostro. El fusil rueda por el suelo. El Cabo, ciego del machetazo, trata de empuñar con la mano derecha el cuchillo que lleva al cinto. Ya lo tiene. Pero Adolfo, que se ha incorporado, le da un terrible machetazo en la cabeza. El Cabo vacila pero no cae. Pedro, Javier y Andrés lo golpean. El Cabo se derrumba poco a poco. Cae de rodillas y después de bruces. Se queda un momento mirándolo.*)

ANDRÉS. — (*Como con estupor.*) Está muerto.

PEDRO. — (*Se inclina sobre él. Levanta la cabeza. Con un gesto torcido.*) Sí. (*Javier mira, con angustia, el machete que todavía tiene en la mano, mientras cae el telón.*)

TELÓN

---

[127] **Quédate a la función.** Stay around for the show.
[128] **sin hacer ... nerviosismo** without showing the slightest sign of nervousness
[129] **Al llegar a la altura de** When he is even with

parte segunda

CUADRO 7

(*Es por la mañana. La casa está a oscuras. Fuera de la casa—en la explanada—Andrés, Pedro, Luis y Javier, apoyados en sendos picos viendo cómo Andrés y Luis echan tierra con las palas sobre el hoyo en que está el cadáver del Cabo. Andrés echa la última paletada y se retira hacia la casa. Pedro y Javier le siguen cansinamente.*)

LUIS. — Yo no quiero decir nada, pero a mí me parece que . . . (*Pedro se para y le escucha*) que un hombre no debe ser enterrado como un perro.

PEDRO. — ¿Qué quieres que hagamos?

LUIS. — Pienso que . . . una oración . . .

PEDRO. — Sí, es verdad.

ANDRÉS. — ¿Para qué? Si lo hemos mandado al infierno ya no hay remedio.

JAVIER. — Una oración. Sí . . . , aunque no sirva para nada. Dila, Luis. Yo no me iba tranquilo,[1] dejándolo ahí, sin una palabra. Un hombre es un hombre.

[1] **Yo no me iba tranquilo** I wouldn't feel at ease

CUADRO 7

Luis. — *(Se quita el casco.)* Te rogamos, Señor, acojas el alma del cabo Goban, y que encuentre por fin la paz que en la vida no tuvo. No era un mal hombre, Señor, y nosotros tampoco, aunque no hayamos sabido amarnos. Que su alma y las nuestras se salven [2] por tu misericordia y por los méritos de N. S. Jesucristo.[3] Apiádate de nosotros. Amén.

Todos. — *(Que han ido descubriéndose.)* [4] Amén.

Andrés. — Bueno, ya está. Vamos. *(Se van retirando.)*

Javier. — *(A Luis.)* Está bien que hayas dicho todo eso. Consuela un poco... *(Va hacia la casa. En este momento están entrando en ella Pedro y Andrés. Se enciende la débil luz solar en el interior. Allí está Adolfo, semitumbado.)*

Adolfo. — ¿Ya?

Pedro. — Sí.

Adolfo. — Uf... por fin... Esta noche se me ha hecho [5] una eternidad. No podía dormir con ese hombre tendido ahí, en la explanada, sin darle tierra... Era como si no hubiera acabado de morir.

Andrés. — Cualquiera salía [6] a cavar un hoyo anoche. Vaya viento... y la lluvia... Una noche que daba respeto... El cadáver ahí, lloviéndole encima... Menos mal que ha amanecido un día tranquilo.[7] *(Entra Javier en la casa. Se sienta, aislado.)*

Adolfo. — Un día tranquilo, por fin... Muerto el perro, se acabó la rabia. Es lo que se hace con un perro rabioso, matarlo. Y éste era un mal bicho.[8] Ayer hubiera sido capaz de matarme, de rematarme. *(Escupe.)* Era un mal bicho.

Pedro. — Cállate. Déjanos en paz.

Adolfo. — ¿Qué os pasa?

---

[2] **Que ... se salven** May his soul and ours be saved
[3] **por ... N(uestro) S(eñor) Jesucristo** through Our Lord Jesus Christ
[4] **Que han ido descubriéndose.** Who one by one have been taking off their helmets.
[5] **se me ha hecho** has seemed to me
[6] **Cualquiera salía** Nobody would have gone out
[7] **Menos mal ... tranquilo.** Thank goodness the new day is calm.
[8] **mal bicho** mean guy

PEDRO. — ¡Nada! (*Andrés bosteza.*)

ANDRÉS. — Yo tampoco he podido dormir. Estoy muy cansado. (*Se tumba. Pausa.*)

JAVIER. — ¿Y qué vamos a hacer ahora?

PEDRO. — No hay nada que hacer. Esperar, como si no hubiera pasado nada.

ANDRÉS. — ¡Como si no hubiera pasado nada! Y nos hemos cerrado la última salida. (*Entra Luis. Se queda en la puerta, como temiendo entrar en la conversación de los otros.*) Después de lo que ha ocurrido me doy cuenta de que podía haber pasado el tiempo, y la ofensiva sin llegar [9] ... y en febrero es posible que nos hubieran retirado de este puesto ... y que nos hubieran perdonado ... El castigo cumplido ... y a nuestras unidades, a seguir el riesgo común de los otros compañeros ... Todo esto lo he pensado, de pronto, ahora que ya no hay remedio. La última salida ha sido cerrada. Si no hay ofensiva, hay Consejo de Guerra.[10]

ADOLFO. — ¡Consejo de Guerra! ¿Por qué? Si tenemos la suerte de que la calma del frente continúe hasta febrero, nadie tiene por qué enterarse de [11] lo que ha pasado aquí. Al enlace se le dice [12] que el cabo murió de un ataque al corazón.

ANDRÉS. — (*Mueve la cabeza.*) Yo no sé nada. Pero supongo que cuando muere el cabo de una escuadra de castigo, siempre habrá alguien que piense que no ha muerto de muerte natural ... Investigarán las causas de la muerte ... Interrogarán hábilmente a los castigados y buscarán el cuerpo ... Desenterrarán el cadáver y ... (*Con un gesto torvo.*) El cráneo roto ...

ADOLFO. — Entonces, una caída ... O desapareció ...

ANDRÉS. — (*Irónico.*) Sí, ¡se esfumó en el aire!

---

[9] **y la ofensiva sin llegar** without any offensive taking place
[10] **Consejo de Guerra** court martial
[11] **nadie ... enterarse de** no one has to find out
[12] **Al enlace se le dice** We'll tell the liaison officer

CUADRO 7

Adolfo. — Fue de observación [13] y seguramente lo atraparon. Estará prisionero o quién sabe... muerto...

Pedro. — (*Que ha asistido calladamente a este diálogo. Se levanta.*) No te canses, Adolfo. Si llegamos a febrero, habrá Consejo de Guerra. Eso os lo aseguro yo, desde ahora.

Adolfo. — ¿Por qué?

Pedro. — Bah... Todavía es pronto para preocuparse de eso. Son cosas mías [14]..., ideas que uno tiene. Por otra parte, lo más seguro es que no lleguemos a febrero. Nos quedan aún cuarenta días de puesto.[15] Y si ha de haber ofensiva, Dios quiera [16] que empiece dentro de estos cuarenta días.

Adolfo. — Te has vuelto loco.

Pedro. — Ya lo veremos. Por el momento, si os parece, sigue rigiendo el mismo horario de siempre.[17]

Adolfo. — (*Se le enfrenta.*) ¡Pedro, aquí ha muerto un hombre y ese hombre era el cabo, y si piensas que todo va a continuar igual, te equivocas! Yo hago lo que quiero y en mí no manda nadie. Se acabaron las órdenes y los horarios. Se acabaron, al menos para mí, las guardias, y la noche, desde ahora, es para dormir.

Pedro. — Te has equivocado, Adolfo. Esta escuadra sigue en su puesto. Y si no estás de acuerdo, trata de marcharte.

Adolfo. — ¿Oís, chicos? Hay un nuevo cabo. Se ha nombrado él. (*Ríe. De pronto, serio.*) Escucha, Pedro. Si quieres seguir la suerte del otro continúa así.

Pedro. — ¿Me amenazas?

Adolfo. — Te aviso.

Pedro. — Pues ya sabes cómo pienso. Y si hay que verse las caras,

---

[13] **Fue de observación** He went out on reconnaissance
[14] **Son cosas mías** That's my opinion
[15] **Nos quedan ... puesto.** We will have forty days left at this post.
[16] **Dios quiera** God grant
[17] **si os parece, ... de siempre** if it's all right with you, the usual schedule will continue in force

nos las veremos.[18] Soy el soldado más antiguo y tomo el mando de la escuadra. ¿Hay algo que oponer? [19]

Andrés. — Por mí . . . como si quieres tomar el mando de la división.[20]

Javier. — A mí me da igual.

Luis. — No, Pedro. Yo no tengo nada que oponer.

Pedro. — (*A Adolfo*.) Ya lo oyes.

Adolfo. — Si te pones así, es posible que decida hacer una excursión.

Pedro. — ¿Cómo "una excursión"?

Adolfo. — Un largo paseo por el bosque.

Pedro. — ¿A dónde quieres ir?

Adolfo. — No lo sé aún.

Pedro. — ¿Entonces?

Adolfo. — Si me encuentro incómodo aquí . . .

Pedro. — No se te habrá ocurrido . . .[21]

Adolfo. — ¿Qué?

Pedro. — ¡Pasarte!

Adolfo. — ¡Yo no he dicho eso! He dicho "una excursión."

Pedro. — Oye, Adolfo. Que no se te ocurra abandonar el puesto,[22] ¿lo oyes? Que no se te ocurra. Por desgracia, uno tiene ya las manos manchadas de sangre y es posible que un muerto más no se note ya en estas manos.

Adolfo. — Ahora eres tú quien me amenaza.

Pedro. — No. Me defiendo. (*Un silencio*.)

Adolfo. — Está bien. ¿Sabes lo que pienso? Que somos dos imbéciles. Si tenemos distintos puntos de vista, no hay que enfadarse, ¿verdad?, sino tratar de conciliarlos y llegar a un acuerdo, como buenos amigos. ¿Eh, Pedro?

[18] **Y si hay ... veremos.** If you're asking for a showdown, we'll have one.
[19] **¿Hay algo que oponer?** Are there any objections?
[20] **Por mí ... división.** As far as I'm concerned, you can take command of the whole division.
[21] **No se te habrá ocurrido ...** You couldn't possibly be thinking of . . .
[22] **Que no ... puesto** Don't get the idea of abandoning your post

PEDRO. — Sí. (*Transición.*) No sé si me comprendéis. Lo que yo no quisiera es que, por este camino, llegáramos a degenerar y a convertirnos en un miserable grupo de asesinos. Se es un degenerado cuando ya no hay nada que intentar, cuando uno ya no puede hacer nada útil por los demás. Pero a nosotros se nos ofrece una estupenda posibilidad: cumplir una misión. Y la cumpliremos. Yo no quiero que acabemos siendo una banda de forajidos. Yo no soy un delincuente . . . y menos un asesino . . . Ni vosotros . . . No hemos conseguido ser felices en la vida . . . eso es todo . . .

LUIS. — (*Por primera vez, habla.*) Es horrible que haya ocurrido todo esto, ¿verdad? Hay que contar con ello,[23] pero . . . es horrible . . . Era preferible sufrir las impertinencias del cabo, a tener que pensar en esta muerte.

ANDRÉS. — Tú no tienes que pensar en nada, Luis. Ni siquiera tienes que meterte en nuestra conversación. Déjanos a nosotros.[24] Tú no tienes nada que ver [25] con lo que aquí ha pasado.

LUIS. — No. Eso no. Yo soy uno de tantos,[26] Andrés. Yo estoy con vosotros para todo.

ANDRÉS. — Es inútil. Por mucho que quieras,[27] tú ya no puedes ser uno de tantos. Tú no estabas en la casa. Tú no sacaste tu machete. Tú no sentiste ese estremecimiento que se siente cuando se mata a un hombre.

LUIS. — No . . . ¡Pero yo hubiera bebido con vosotros! ¡Yo hubiera empuñado el machete y le hubiera pegado como vosotros, de haber estado aquí! [28]

ANDRÉS. — No sé. Eso no puede ni pensarse.

LUIS. — Yo soy un buen compañero.

ANDRÉS. — Sí, claro.

LUIS. — Yo te aseguro . . .

[23] **Hay que contar con ello** You have to accept it
[24] **Déjanos a nosotros.** It is our affair.
[25] **Tú no tienes nada que ver** You have nothing to do
[26] **Yo soy uno de tantos** I belong to the group
[27] **Por mucho que quieras** No matter how much you want to
[28] **de haber estado aquí** if I had been here

ANDRÉS. — No te preocupes. Si no hay que preocuparse . . .
Luis. — Yo no tengo la culpa de que me tocara la guardia a esa hora.[29]
ANDRÉS. — Claro. Si nadie te dice nada.[30]
Luis. — No quieres creerme.
ANDRÉS. — Te equivocas. Te creo. (*Se levanta y deja a Luis solo. Pedro ha empezado a canturrear algo.*)
ADOLFO. — (*Se tapa los oídos.*) Pedro, ¿quieres callarte?
PEDRO. — ¿Qué te pasa? ¿Es que no puede uno cantar?
ADOLFO. — No . . . Canta lo que quieras . . . Pero es que ésa . . . ésa es la canción que cantaba a veces el cabo Goban. ¡Y no me gusta escucharla!

OSCURO

CUADRO 8

(*Todos, menos Pedro. Sucios, sin afeitar y tirados por los suelos. Adolfo se remueve. Mira a los demás. Tiene un gesto febril. De pronto grita casi histéricamente:*)

ADOLFO. — ¡No! ¡Esto no puede ser! ¡Es demasiado! ¡No podemos seguir así! Días y días, tumbados por los suelos, revolcándonos como cerdos en la inmundicia . . . ¿Por qué no hacemos algo? Una expedición o algo parecido . . . Una patrulla de reconocimiento . . . , ¡algo . . . !

ANDRÉS. — ¿Y a dónde vamos a ir?

ADOLFO. — A cualquier parte. Es lo mismo. A cualquier parte. Esto es insano: estar así . . . tan quietos.

[29] **que me tocara ... hora** that it was my turn to stand watch at that hour
[30] **Si nadie te dice nada.** Nobody holds it against you.

CUADRO 8

Andrés. — Yo ya no puedo ni dormir. Me parece que no puedo hacer otra cosa que dormir. Y me muero de sueño. Y no consigo dormir. Es terrible.

Adolfo. — Estás muy pálido. Y tienes los ojos hundidos.

Andrés. — A estas horas me da un poco de fiebre.

Adolfo. — (*Se levanta y va a la ventana.*) ¿A cuántos estamos?[31] ¿Lo sabéis?

Luis. — A diez de enero.

Adolfo. — Me parece que ha pasado mucho más tiempo. (*Una pausa.*) Anoche creí oir disparos a lo lejos, y me gustaba. Me puse a escuchar para ver si era cierto . . . queriendo que lo fuera. Porque significaba que hay más gente que nosotros en el mundo.

Luis. — A mí también me pareció oir disparos.

Andrés. — Yo no oí nada.

Adolfo. — Seguramente fue una ilusión. El viento en los árboles . . . Por la noche es como si todo el bosque estuviera habitado . . . Se oyen ruidos . . . Al principio me ponían la carne de gallina,[32] pero ya no . . . uno va superándose [33] . . . (*Suena el timbre sordo del teléfono de campaña.*) Javier, ¿quiere usted coger el teléfono, por favor? No tiene más que alargar la mano, mientras que para nosotros representa un gran esfuerzo. (*Parece que Javier no oye. El timbre sigue sonando.*) El aparato,[34] Javier. Es un favor que te pedimos. Con seguridad es nuestro querido amigo Pedro que tiene algo pensado para esta noche. Una buena juerga . . . Vino y mujeres. Ya sabéis cómo es Pedro, chicos. (*Javier ha esuchado las últimas palabras de Adolfo y coge con desgana el aparato.*)

Javier. — ¡Di, Pedro![35] ¿Cómo? Sí . . . (*De pronto, trémulo, su mano se crispa en el aparato.*) Sí, entiendo . . . Bien . . . (*Pausa.*) Iré repitiendo tus palabras . . . (*Pausa.*) Se divisa

---
[31] **¿A cuántos estamos?** What's the date?
[32] **me ponían ... gallina** I got goose flesh
[33] **uno va superándose** little by little you get over it
[34] **El aparato** The phone
[35] **¡Di, Pedro!** Hello, Pedro!

a lo lejos un grupo enemigo... (*Pausa.*) Probablemente una compañía... (*Pausa.*) Exploradores [36]... (*Pausa.*) Es posible que sea la vanguardia de la ofensiva... (*Pausa.*) Atención a las instrucciones... (*Pausa.*) Tú te quedarás en el puesto... (*Pausa.*) En el momento preciso darás la señal para volar el campo... (*Pausa.*) Adolfo en la batería... (*Pausa.*) En cuanto estalle el campo salimos todos... cada uno a su posición... (*Pausa. Con una leve sonrisa.*) "Hay que vender caras nuestras vidas..." Bueno... (*Adolfo se ha situado junto al dispositivo de la batería. Luis y Andrés han cogido nerviosamente las armas y forman grupo alrededor del teléfono.*) De acuerdo... Quedamos a la espera de tu señal [37]... (*Se pasa la mano por la frente y tiene una ligera vacilación. Luis va a sujetarlo.*) No es nada, gracias... No es nada. (*Queda a la escucha.*[38] *Una pausa dramática.*)

ANDRÉS. — ¿Se ha callado? (*Javier hace un gesto de que sí.*) [39] ¿Y qué hay que hacer? ¿Esperar?

ADOLFO. — Claro. (*A Javier.*) En cuanto Pedro dé la señal, dices "ya," hago contacto [40] y salimos todos a la trinchera. ¿De acuerdo? (*Patéticos gestos de asentimiento.*) ¿No se oye nada?

JAVIER. — (*A la escucha.*) No.

ANDRÉS. — Habla tú. Pregúntale a Pedro.

JAVIER. — Pedro, ¿qué hay? ¿Siguen avanzando? ¿Se ven más? (*Escucha.*) No contesta.

ANDRÉS. — Insiste.

JAVIER. — ¡Pedro! ¿Ocurre algo? ¿Por qué no hablas? ¿Estás ahí? (*Silencio.*) Nada...

ANDRÉS. — (*Mira a todos con aprensión.*) ¿Por qué será? [41]

---

[36] **Exploradores** Scouts
[37] **Quedamos ... señal** We'll be waiting for your signal
[38] **Queda a la escucha.** He remains listening.
[39] **hace un gesto de que sí** nods his head affirmatively
[40] **hago contacto** I'll press the contact switch
[41] **¿Por qué será?** I wonder what it can be.

CUADRO 9

ADOLFO. — Es raro... O será que ha dejado el aparato un momento.
ANDRÉS. — ¿No le habrán sorprendido? (*Un grave silencio.*)
ADOLFO. — No creo...
ANDRÉS. — ¡Si le han sorprendido, pueden estar viniendo hacia aquí y no nos daremos cuenta hasta que no los tengamos encima! [42]
ADOLFO. — Cállate. Espera.
ANDRÉS. — ¡No podemos estarnos aquí, cruzados de brazos! [43] ¡Hay que hacer algo! (*Se ha levantado.*)
ADOLFO. — (*Con voz sorda.*) Estate quieto.
ANDRÉS. — ¡Es mejor que vayamos a la trinchera! ¡Se nos van a echar encima,[44] Adolfo! ¡No podemos estarnos aquí!
ADOLFO. — Quieto. Cálmate. Son los nervios. Hay que dominar los nervios. No pasa nada, ¿ves? Espera.
ANDRÉS. — (*Se retuerce las manos. Gime.*) ¡No puedo esperar! (*Queda sentado y encogido, tratando de dominar los nervios. No lo consigue. Larga pausa. Todos miran el rostro de Javier que ahora está imperturbable. De pronto:*)
JAVIER. — ¿Qué hay, Pedro? (*Escucha. Andrés mira ansiosamente a Javier.*) Una compañía, sí... Se ha desviado... No venía nadie detrás... Una falsa alarma... Hasta luego.

OSCURO

CUADRO 9

(*Los cinco. Están acabando de comer, menos Javier, que está tumbado en silencio.*)

[42] **hasta que ... encima** until they are on top of us
[43] **cruzados de brazos** with arms folded
[44] **Se nos van a echar encima** They are going to pounce on us

ADOLFO. — (*Que come el último bocado.*) ¿Tenéis tabaco?

PEDRO. — (*Le da uno.*) El último paquete. (*Se lo guarda.*)

ANDRÉS. — La galleta está dura y apenas quedan conservas ni agua. Dentro de unos días no podremos vivir por nuestra cuenta.[45]

PEDRO. — Economizando tenemos para una semana. Es decir, hasta febrero. Lo demás no depende de nosotros. No hay por qué preocuparse.

ADOLFO. — (*Fumando.*) Bien, parece que la cosa va a terminar mejor de lo que suponíamos. (*Ríe.*) La ofensiva se ha evaporado. (*Vuelve a reir.*) Habrá que empezar [46] a pensar en otras cosas. Es posible que todas las desgracias hayan terminado para nosotros. ¿No os dais cuenta? Esto se está terminando, amigos. El tiempo llega a su fin. En resumen, ha habido suerte y no creo que podamos quejarnos. Lo más seguro es que nos retiren de este puesto y nos perdonen. La pena está cumplida. Nosotros no tenemos la culpa de que no nos hayan matado. Estábamos aquí para morir en la ofensiva. Si no ha habido ofensiva, ¿qué le vamos a hacer? [47] No creo que nos manden a otro puesto de castigo.

PEDRO. — Es extraño, Adolfo. Es extraño que te consideres limpio y dispuesto a vivir tranquilamente, como si no hubiera pasado nada. Hay una cuenta pendiente, Adolfo. Una cuenta que no podemos olvidar.

ADOLFO. — El cabo, ¿no?

PEDRO. — Sí, el cabo. Yo no sé si el tiempo que hemos estado aquí ha sido suficiente para que nunca más volvamos a tener remordimientos de lo que cada uno hicimos antes. Pero sé que ahora somos culpables de la muerte de un hombre.

ADOLFO. — ¿Te arrepientes de haber matado al cabo Goban, a esa víbora . . . ?

---

[45] **no podremos ... cuenta** we will not have enough supplies to live on
[46] **Habrá que empezar** We'll have to start
[47] **¿qué le vamos a hacer?** what can we do about it?

CUADRO 9

Pedro. — No. Y hasta es posible que si todo empezara de nuevo, volviera a matar al cabo Goban con vosotros, pero eso no cambia nada. Yo soy de los que creen que se puede matar a un hombre. Lo que pasa es que luego hay que enfrentarse con el crimen como hombres. Eso es lo que quiero decir.

Adolfo. — Pedro, yo no digo que haya que olvidar lo del cabo y vivir alegremente. El que tenga remordimientos, bien está y que los lleve con él [48] toda la vida, si es preciso. Cada uno, según su conciencia. Pero ahora se trata de lo que hay que hacer en cuanto esto se acabe. Hay que imaginar una historia sobre la desaparición del cabo. A eso me refiero. "No sabemos qué ha sido de él." ¿Eh? ¿Qué os parece?

Andrés. — Sí, es lo mejor. Salió la mañana de Navidad y no hemos vuelto a verle.

Adolfo. — Hay que recordarlo bien. "La mañana de Navidad." Que no se os olvide.[49] Después del desayuno, a eso de las ocho.

Andrés. — A eso de las ocho, sí. Dijo que iba de observación. Que pensaba internarse. Que si no estaba para la hora de comer no nos preocupáramos.[50] No sé si creerán que el cabo pensaba dejarnos tanto tiempo solos.

Adolfo. — Sí, ¿por qué no? Estaba inquieto. La noche antes había oído ruidos extraños.

Andrés. — Pudo mandarnos a cualquiera de nosotros.

Adolfo. — No se fiaba. Prefería . . .

Pedro. — (*Se levanta.*) Podéis continuar imaginando historias. No os va a servir de nada.

Adolfo. — ¿Por qué?

Pedro. — Porque pienso denunciar la muerte del cabo, tal como ocurrió. (*Pausa larga. Todos se miran.*)

---
[48] que los lleve con él let him carry it (remorse) with him
[49] Que no se os olvide. Don't forget it.
[50] Que si ... preocupáramos. That we shouldn't be worried if he wasn't back by dinner time.

ANDRÉS. — No, Pedro. Eso es una locura.

PEDRO. — Es lo que pienso hacer.

ADOLFO. — Estás hablando en broma, ¿verdad, Pedro? No puedes estar hablando seriamente . . . (*Trata de sonreir.*) ¿Verdad? Tú no piensas hacer lo que has dicho. De ningún modo . . . piensas una cosa así . . .

PEDRO. — ¿Os extraña?

ADOLFO. — ¡Pedro! (*Se acerca a él.*) ¡Ten en cuenta que estamos hablando de verdad!

PEDRO. — Yo estoy hablando de verdad. Yo soy de los que no se asustan ante las consecuencias de los hechos. Sé cargar con ellas.[51] Exijo cargar con ellas. Es mi modo de ser.[52]

ADOLFO. — ¡No, Pedro! ¡Tú no harás eso! ¡No puedes hacer eso! ¿Cómo se te ha ocurrido una cosa así? Estás jugando con fuego, Pedro.

PEDRO. — ¡Jugando! Yo no sé jugar.

ADOLFO. — (*Se sienta, sombrío.*) No puedes hacer eso. No puedes . . .

PEDRO. — (*Sin mirarle.*) ¿Qué es lo que no puedo?

ADOLFO. — Si tú no quieres ya vivir,[53] no puedes arrastrarnos a seguir tu suerte.

PEDRO. — Yo no arrastro a nadie. Yo voy sólo a donde me parece que debo ir. Vosotros haced lo que queráis.

ADOLFO. — Es un suicidio. Es entregarte al piquete de ejecución.

PEDRO. — No. Entregarme al piquete no me corresponde a mí. Que yo muera o no les corresponde decirlo a ellos. Lo mío se reduce a decir la participación que tuve [54] en un crimen . . . que se cometió aquí la noche de Navidad. ¿Está claro?

ADOLFO. — Estás disponiendo de nuestras vidas, Pedro. ¿Qué hacemos nosotros?

---

[51] **Sé cargar con ellas.** I know how to assume responsibility for them.
[52] **Es mi modo de ser.** It's the way I am.
[53] **Si tú ... vivir** If you don't care to live any longer
[54] **Lo mío ... tuve** My responsibility is merely to tell the part I played

CUADRO 9

PEDRO. — Yo no pretendo discutir esto, Adolfo. A mí me parece que hay cosas más importantes que vivir. Me daría mucha vergüenza seguir viviendo. Ya no podría ser feliz nunca.

ADOLFO. — Pedro, estábamos borrachos. Ten en cuenta . . . El alcohol . . .

PEDRO. — No, si eso es lo de menos. Estábamos borrachos, el alcohol . . . Sí, es verdad. No contaré ni una mentira. Lo diré todo, como ocurrió.

ADOLFO. — Es un sacrificio inútil.

PEDRO. — Ocultar lo que aquí ha pasado para ganarnos unos miserables años más de vida . . . sí que me parece un sacrificio inútil.

ADOLFO. — Pedro, ya te he entendido. No es nada de lo que dices.[55] No es que seas más hombre que los demás. No es que te importe lo que ocurrió ni que creas que mereces ser castigado. ¡Es que quieres morir! Es simplemente que quieres morir. Es que no quieres volver a casa, porque ya no podrías vivir con tu mujer, después de lo que pasó. Aunque tú no te lo quieras confesar, es eso. ¡No es más que eso!

PEDRO. — (*En un rugido.*) ¿De qué estás hablando, di? ¿De qué estás hablando? ¡O te callas o . . . !

ADOLFO. — ¿Ves? Te ha dolido porque es verdad. Pero nosotros queremos vivir. Tú no entiendes que nadie quiera vivir, ¿verdad? Pero nosotros . . . ¡queremos! (*Pausa. Pedro se ha sentado, abatido.*)

ANDRÉS. — Pedro, ¿qué piensas?

PEDRO. — Nada. Ya sabéis cuál es mi actitud. Interpretadla a vuestro gusto. Yo voy a entregarme al Consejo de Guerra. El que no quiera seguir mi suerte, puede irse. Yo no soy quien para arrastraros [56] por un camino que a vosotros no os parece . . . el mejor . . . (*Cierra los ojos. Lentamente.*) Yo he pensado mucho en ello. Voy a ir por ese camino. No veo otro . . . para mí . . . Para que mi vida

---
[55] **No es ... dices.** It is not at all what you're saying.
[56] **Yo no ... arrastraros** I am not the one to drag you

PARTE SEGUNDA

no sea algo que un día tenga que arrastrar con vergüenza... para salvarme... No sé vosotros [57]... Yo... He terminado... No cuento ya con vivir...

ANDRÉS. — Yo te comprendo. Te has puesto por delante [58] pero te comprendo. Yo quiero vivir, pero te comprendo. Nos haces un gran daño, porque habría que matarte para que callaras y sería ya demasiada sangre... No somos tan malos, ¿te das cuenta?

ADOLFO. — Cállate, Andrés. O habla para ti. A mí no me metas en tu compasión. Yo estoy dispuesto a salvarme, por encima de todo. (*Se apodera de un fusil y lo monta.*) Pedro, estoy dispuesto a llevarme a quien sea por delante.[59] Tú lo has querido.

PEDRO. — (*Se sienta tranquilamente.*) Únicamente te digo... que lo pienses un poco antes de hacer una tontería. No te aconsejo que prescindas de mí. No te conviene. Tendrías que dar luego demasiadas explicaciones... y lo más seguro es que no llegaran a creerte. Después de las cosas que han ocurrido, creo que conviene meditar antes de tomar una decisión. ¿Estás seguro de que los demás están de acuerdo contigo? ¿No te dejarán solo cuando lo hagas...; en cuanto aprietes el gatillo?

ADOLFO. — Andrés, ¿tú qué piensas?

ANDRÉS. — No, Adolfo. No creo que debas hacerlo. Espera. Ya pensaremos.[60]

ADOLFO. — Y vosotros, ¿qué?

JAVIER. — (*Se encoge de hombros.*) Me gustaría volver a casa, pero me parece que se ha puesto muy difícil volver. Estoy dispuesto a que se cumpla [61] lo que tenga que cumplirse. Lo que tiene que venir... a pesar de todos nuestros esfuerzos. No contéis conmigo para nada. Me gustaría no volver a hablar nunca.

[57] **No sé vosotros** I don't know about you
[58] **Te has puesto por delante** You are blocking our way out
[59] **estoy dispuesto ... delante** I'm prepared to kill anyone who stands in my way
[60] **Ya pensaremos.** We'll think it over.
[61] **Estoy dispuesto a que se cumpla** I am prepared to let happen

ADOLFO. — (*Hace un gesto de impaciencia.*) ¡Bah! ¡Tonterías! ¿Qué razón hay para que nos demos por vencidos? [62] Sin Pedro, tenemos una larga vida por delante. ¿Qué hacemos con él? (*Nadie responde. Exasperado.*) Tú, Luis, ¿qué piensas? Claro, a ti te dará igual también. No tienes nada que temer del Consejo de Guerra, ¿eh? ¡Te lo has creído! Todo depende de lo que declaremos los demás. Si nosotros queremos, cae todo sobre ti.[63] ¿Te das cuenta? Tú lo mataste... en el puesto de guardia. ¡Y niégalo! Luis, no es que vayamos a decir eso. Lo que quiero hacerte comprender es que tienes que ayudarnos. (*Luis vuelve la cabeza.*)

PEDRO. — Te han dejado solo. (*Adolfo, desalentado, tira el fusil. Se sienta y oculta el rostro entre las manos.*)

OSCURO

CUADRO 10

(*Están todos, menos Pedro. Javier, tendido. Adolfo en una actitud semejante a la del final del cuadro anterior. Alza la cabeza y dice.*)

ADOLFO. — ¿Y Pedro?

ANDRÉS. — Acaba de salir.

ADOLFO. — Bien. Quería deciros una cosa. A pesar de todo, a pesar de vuestro miedo y de los escrúpulos de todos, Pedro tiene que morir. Es nuestra única salida. Es inútil tratar de convencerlo. Hay que terminar con él si todavía queremos esperar algo de la vida. Por otra parte, no es tan terrible, si lo que os horroriza es... hacerlo. Yo solo lo hago.

---

[62] ¿Qué razón ... vencidos? Why in the world should we give up?
[63] cae todo sobre ti all the blame can fall on you

Y no me importa, porque sé que él quiere morir y que espera con impaciencia el momento de ponerse ante el piquete. Supongo que... habréis reflexionado y... sin duda...

ANDRÉS. — Yo no lo autorizo, Adolfo. Ya está bien de sangre.[64] Y cállate ya.

ADOLFO. — (*Se estremece.*) Estamos a treinta.[65] Dentro de unas horas puede venir la patrulla. Empieza a ser peligroso permanecer aquí. Yo había pensado que resultaría fácil explicar la desaparición de Pedro. Simplemente... se fue con el cabo. "Los dos, prisioneros del enemigo, con toda seguridad."

ANDRÉS. — Cállate, Adolfo. Es inútil.

ADOLFO. — (*Sombrío.*) Está bien. Entonces, no habrá más remedio que abandonar esta casa hoy mismo. ¿Y a dónde ir? Por el bosque... a las montañas... Todo este país es una trampa para nosotros. Aunque... puede que tengamos una posibilidad de salvarnos.

ANDRÉS. — ¿Cuál?

ADOLFO. — Podríamos organizarnos por nuestra cuenta... en la tierra de nadie.[66] Hacer vida de guerrilla,[67] cogiendo provisiones en las aldeas y viviendo en las montañas. ¡Nos damos de baja en el ejército y ya está! [68] Sé de grupos que han vivido así años y años. Y supongo que no se pasará mal del todo.[69]

ANDRÉS. — No, Adolfo. Tampoco en eso estoy de acuerdo contigo. Yo quiero vivir, pero no tengo ganas de luchar... No me siento con fuerzas... Yo he decidido pasarme. No es una agradable salida, pero al menos viviré. En los campos de prisioneros se vive.

ADOLFO. — ¿Eso es todo lo que se te ocurre?

---

[64] **Ya está bien de sangre.** We have had enough blood.
[65] **Estamos a treinta.** It's the thirtieth.
[66] **Podríamos ... de nadie.** We could form our own group in no man's land.
[67] **Hacer vida de guerrilla** Lead the life of guerillas
[68] **¡Nos damos ... ya está!** We'll be listed as missing in action, that's all!
[69] **no se pasará mal del todo** it can't be too bad

ANDRÉS. — Sí.

ADOLFO. — ¡Pues eres un estúpido! Andrés, escucha. Me estáis volviendo loco entre todos.[70] ¿Qué es lo que pretendéis? Estáis todos contra mí. Os habéis abandonado . . . El destino, ¿no? Pero no hay otro destino que el que nosotros nos hagamos. ¿Qué os ocurre? No queréis vivir ninguno. Tú dices que sí pero es mentira. Escúchame. En las montañas del Norte se puede vivir. Dentro de poco empezará la primavera y no faltarán frutas en las huertas abandonadas y caza en el monte.

ANDRÉS. — No. Me doy cuenta de que yo no sirvo para vivir así, huído . . . hasta que me cace a tiros una patrulla de unos o de otros.[71] Yo quiero descansar. En el "campo," al menos, podré tumbarme. ¿Sabes? Desde que el cabo me pegó aquí (*por el pecho*) no me encuentro muy bien.

ADOLFO. — ¿Pero es que no sabes cómo se trabaja en los "campos"? Como bestias. Te reventarán en una cantera o en una mina.

ANDRÉS. — Por la noche podré dormir.

ADOLFO. — No . . . Acabarás como han acabado muchos, tirándote contra las alambradas, electrocutado, si es que puedes. Que es posible ni eso puedas hacer. Vente conmigo.

ANDRÉS. — Contra las alambradas . . . Me haces reir . . . Para tirarse contra las alambradas hay que desear morir, y yo . . .

ADOLFO. — Claro que lo deseas, y si no . . . acabarás deseándolo.

ANDRÉS. — No . . . Vivir . . . como sea . . .[72]

ADOLFO. — ¿Cómo crees que te tratarán los guardianes del campo? ¡A latigazos!

ANDRÉS. — Lo veremos.

ADOLFO. — Los hay que ya ni se mueven para nada,[73] que ya no sienten ni los golpes . . . Son como plantas enfermas . . .

---

[70] **Me estáis ... todos.** You're all driving me crazy.
[71] **hasta que ... otros** until a patrol from one side or the other shoots me down
[72] **como sea** no matter how
[73] **Los hay ... nada** There are some who no longer move for anything at all

Tumbados... Se lo hacen todo encima y no se mueven... Viven entre su propia porquería...

Andrés. — Descansan, por fin.

Adolfo. — Sin contar con que, ¿quién te dice que vas a llegar al "campo"? Es probable que te cacen al acercarte a las líneas.

Andrés. — Llevaré una bandera blanca. No creo que disparen.

Adolfo. — Andrés, tú no te das cuenta de lo que podríamos hacer. Uno solo, es difícil, pero un pequeño grupo armado... Podríamos hacer tantas cosas... En el monte hay escondrijos... Va a merecer la pena. Hasta es posible que pasemos buenos ratos. ¡Escucha!

Andrés. — He decidido ya, Adolfo.

Adolfo. — ¿Y vosotros? (*Entra Pedro.*) Luis, ¿tú?

Luis. — Yo voy a seguir aquí, con Pedro. Si supiera que te iba a servir de algo mi ayuda, me iría contigo. Pero iba a ser un estorbo para ti.[74] Habría que cometer violencias en las aldeas, robar..., quizá matar si los campesinos nos hacían frente. No sirvo para eso, Adolfo. Perdóname.

Adolfo. — No contaba contigo, Luis. No tienes que explicarte.

Luis. — Haces bien en despreciarme, Adolfo. Tienes derecho a despreciarme.

Adolfo. — ¡Déjame en paz! ¿Y tú, Javier? (*Javier no responde.*) ¿Te quedas?

Javier. — Sí.

Adolfo. — ¿Sabes lo que eso significa? ¡Fusilado![75]

Javier. — Sí, lo sé... aunque a mí es posible que no me fusilen.

Adolfo. — ¿A ti? ¿Por qué?

Javier. — Son cosas mías.

Adolfo. — ¿Va a declarar Pedro a tu favor?

Javier. — No. No es eso. A Pedro le gusta decir la verdad. ¿Eh, Pedro? (*Pedro no contesta.*)

---

[74] **Pero iba ... ti.** But I would be a burden to you.
[75] **¡Fusilado!** You'll be executed!

CUADRO 10

ADOLFO. — ¿Entonces?

JAVIER. — Dejadme en paz. Sois dos estúpidos, Andrés y tú. Dices con horror "fusilado" y te vas a que te cacen como una alimaña, a tiros... o te linchen en cualquier aldea... El otro quiere vivir y se va a que lo aplasten entre las alambradas de un "campo.",Tiene gracia. Todos son... caminos de muerte. ¿No os dais cuenta? Es inútil luchar. Está pronunciada la última palabra [76] y todo es inútil. En realidad todo era inútil... desde un principio. Y desde un principio estaba pronunciada la última palabra. Todavía queréis luchar contra el destino de esta escuadra ... que no es sólo la muerte como creímos al principio ... sino una muerte infame... ¿Tan torpes sois... que no os habíais dado cuenta aún?

PEDRO. — (*Aislado habla.*) Pero, ¿sabéis que yo tenía una esperanza? La de que el desenlace llegara por otro sitio.[77] Que todo hubiera acabado en esta casa, frente al enemigo, pasados a cuchillo....[78] después de haber avisado a la primera línea. Ya que no se nos ha concedido este fin, pido, al menos, que no haya nunca ofensiva en este sector, y que nuestro sacrificio sirva para detener el derramamiento de sangre que parecía avecinarse a todo lo largo del frente.

ADOLFO. — (*Se levanta. Bosteza.*) Voy a ver si duermo.[79] Al anochecer abandonaré esta casa. En la primera aldea habrá alguien que quiera venir conmigo al monte. Necesito encontrar un compañero, y lo tendré. (*Se echa a dormir.*)

ANDRÉS. — Me iré contigo. Si te parece, vamos juntos hasta la salida del bosque. Allí, un apretón de manos y... ¡buena suerte! Voy a tumbarme un rato... aunque creo que no podré dormir. (*Se echa también. Luis está mirando por la ventana. Javier sentado, con la mirada fija en el*

---

[76] **Está ... palabra** The last word has been said
[77] **La de ... sitio.** The hope that the end would be quite different.
[78] **pasados a cuchillo** stabbed to death
[79] **Voy a ver si duermo.** I'm going to try to sleep.

suelo. *Pedro pasea, pensativo. De pronto, se para y dice a Javier.*)

PEDRO. — Entonces, ¿has llegado a eso? [80] ¿A pensar?

JAVIER. — (*Se encoge de hombros.*) No sé a qué te refieres.

PEDRO. — Javier, desde que ocurrió "aquello," has estado pensando, cavilando, ¿te crees que no me he dado cuenta?, mientras los demás tratábamos de actuar, a nuestra manera. Tú, mientras tanto, nos mirabas . . . yo diría que con curiosidad . . . como un médico puede mirar a través de un microscopio . . .

JAVIER. — (*Ríe secamente.*) Sólo que yo soy una de las bacterias que hay en la gota de agua . . . en esta gota que cae en el vacío. Una bacteria que se da cuenta, ¿te imaginas algo más espantoso? (*Un silencio.*) Sí, tienes razón. Durante todo este tiempo, desde que matamos a Goban, he estado investigando . . . tratando de responder a ciertas preguntas que no he tenido más remedio que plantearme . . .[81]

PEDRO. — ¿Y qué?

JAVIER. — Ahora ya sé . . . Me he enterado . . . Mi trabajo ha concluído felizmente. He conseguido (*una leve sonrisa*) un éxito . . . desde el punto de vista científico . . . He llegado a conclusiones.

PEDRO. — ¿Qué conclusiones?

JAVIER. — La muerte de Goban no fue un hecho fortuito.

PEDRO. — No te entiendo.

JAVIER. — Formaba parte de un vasto plan de castigo.

PEDRO. — ¿Has llegado a pensar eso?

JAVIER. — Sí. Mientras él vivía llevábamos una existencia casi feliz. Bastaba con obedecer y sufrir. Se hacía uno la ilusión de que [82] estaba purificándose y de que podía salvarse. Cada uno se acordaba de su pecado, un pecado con fecha y con circunstancias.[83]

---

[80] **¿has llegado a eso?** you've come to that?
[81] **que no ... plantearme** that I couldn't help raising
[82] **Se hacía ... que** One got the illusion that
[83] **un pecado ... circunstancias** a sin with a very definite time and place

CUADRO 10

PEDRO. — ¿Y después?

JAVIER. — Goban estaba aquí para castigarnos y se dejó matar.

PEDRO. — ¿Que se dejó matar? ¿Para qué?

JAVIER. — ¡Para que la tortura continuara y creciera! ¡Estaba aquí para eso! ¡Estaba aquí para que lo matáramos! Y caímos en la trampa. Por si eso fuera poco,[84] la última oportunidad, la ofensiva, nos ha sido negada. Para nosotros estaba decretada, desde no sé dónde, una muerte sucia. Eso es todo. Tú dices que tenías esa esperanza . . . la de que muriéramos en la lucha . . . Pobre Pedro . . . Y todavía, ¿verdad que sí?, todavía tienes . . . no sé qué esperanzas . . . ¿Cómo has dicho antes? "Que nuestro sacrificio sirva . . ." Eso es como rezar . . .

PEDRO. — Sí, es como rezar. Puede que sea lo único que nos queda . . . , un poco tiempo aún para cuando ya parece todo perdido . . . rezar . . .

JAVIER. — (*Ríe ásperamente.*) Estamos marcados, Pedro. Estamos marcados. Rezar, ¿para qué?, ¿a quién? Rezar. . .

PEDRO. — ¡Cómo puedes decir eso . . . ! ¿Entonces crees que alguien . . . ?

JAVIER. — Sí. Hay alguien que nos castiga por algo . . . por algo . . . Debe haber . . . sí, a fin de cuentas,[85] habrá que creer en eso . . . Una falta . . . de origen . . .[86] Un misterioso y horrible pecado . . . del que no tenemos ni idea . . . Puede que haga mucho tiempo . . .

PEDRO. — Bueno, seguramente tienes razón . . . pero déjate de pensar eso . . . Debe ser malo . . . No, tú no te preocupes . . . Hay que procurar tranquilizarse . . . para hacer frente a lo que nos espera.

JAVIER. — Sí, pero yo no puedo evitarlo . . . tengo que pensar, ¿sabes? (*Sonríe débilmente.*) Es . . . mi vocación . . . desde niño . . . mientras los demás jugaban alegremente

---
[84] **Por si eso fuera poco** In case that wasn't enough
[85] **Debe haber ... cuentas** There must be . . . yes, after all
[86] **Una falta ... de origen** An original flaw

... yo me quedaba sentado, quieto... y me gustaba pensar...

OSCURO

CUADRO 11

(*En la oscuridad, ruido de viento. Hay—pero apenas pueden ser distinguidas—dos sombras, entre árboles, en primer término. Suenan, medrosas, como en un susurro, las voces de Adolfo y Andrés.*)

ANDRÉS. — Espera... Estoy cansado... Hemos andado mucho...

ADOLFO. — ¿Qué te ocurre?

ANDRÉS. — Hemos... andado mucho... ¿Dónde estamos?

ADOLFO. — Aquí termina el bosque, ¿no lo ves? Y por allá, la montaña.

ANDRÉS. — ¿Y dónde... las líneas enemigas?

ADOLFO. — En frente de nosotros... allí...

ANDRÉS. — Déjame sentarme... Estoy cansado... (*Una sombra se abate.*)

ADOLFO. — Vamos, no te sientes ahora... Hay que darse prisa...

ANDRÉS. — Vete tú, vete tú... Si quieres...

ADOLFO. — No; yo solo, no... Tú te vienes conmigo... Es una locura lo de pasarte [87]... una locura... (*Una ráfaga de viento.*)

ANDRÉS. — ¿Qué dices?

[87] **Es una ... pasarte** It's madness to surrender

ADOLFO. — Es una locura... (*Una larga ráfaga de viento.*)
ANDRÉS. — ¿Sabes lo que me gustaría? No haber salido de casa...
ADOLFO. — ¿Qué quieres ahora? ¿Volver?
ANDRÉS. — No. Ya no.
ADOLFO. — ¿Vienes o no vienes?
ANDRÉS. — No... Me quedo aquí... Cuando me tranquilice, iré hacia ellos... Cuando (*con ahogo:*) me tranquilice...
ADOLFO. — ¡Andrés, ven conmigo! ¡Yo también tengo miedo a lo que voy a hacer... pero, juntos...!
ANDRÉS. — ¡No me harán nada, ya verás! ¡No me harán ningún daño!
ADOLFO. — Entonces, ¡como quieras!, adiós y... ¡buena suerte!
ANDRÉS. — ¡Buena suerte, Adolfo! (*Las sombras se separan. Otra ráfaga de viento.*)

OSCURO

CUADRO 12

(*Se hace luz en la escena. Crepúsculo. Está solo Luis. En seguida, entra Pedro.*)

PEDRO. — ¡Luis!
LUIS. — ¿Qué hay?
PEDRO. — (*Descolgándose el fusil.*) ¿Qué ha estado haciendo Javier esta tarde?
LUIS. — Nada. Sentado ahí. Y luego se marchó. Dijo que iba a dar un paseo por el bosque. ¿Por qué?
PEDRO. — ¿No le notaste nada raro?

PARTE SEGUNDA

Luis. — No. Únicamente... que desde que anoche se marcharon Adolfo y Andrés no ha vuelto a decir una palabra.

Pedro. — Ya no la dirá nunca.[88] Acabo de encontrarlo en el bosque. Se ha colgado.

Luis. — ¡Cómo! ¿Que se ha...? ¿Muerto?

Pedro. — Sí. A unos cincuenta metros de aquí. De un árbol. Cuando venía hacia la casa me he topado con él... Se balanceaba... Ha sido un triste final para el pobre Javier. He tenido que trepar al árbol para descolgarlo... Allí está...

Luis. — ¡Ahorcado!

Pedro. — No ha tenido valor para seguir. Seguramente venía pensando hacerlo.[89] Y ahora que está a punto de llegar la patrulla se conoce que le ha parecido absurdo continuar... O ha tenido miedo... Y como el final iba a ser el mismo... ha decidido acabar por su cuenta.[90]

Luis. — Pero no es lo mismo. Acabar así es lo peor. Es condenarse.

Pedro. — Él se sentía ya condenado. Se creía maldito. Pensaba demasiado. Eso le ha llevado... a terminar así.

Luis. — (*Con voz temerosa.*) Y en realidad parece que ésta era una escuadra maldita, Pedro. ¿Qué será de [91] Adolfo y Andrés a estas horas? ¿Habrán llegado muy lejos?

Pedro. — (*Se encoge de hombros.*) Déjalos.[92] Es como si se los hubiera tragado la tierra. Bien perdidos están. (*Un silencio.*)

Luis. — Estamos solos, Pedro. Solos en esta casa. ¿Qué va a ser de nosotros?

Pedro. — Yo también desapareceré, Luis. Sólo tú vivirás.

Luis. — No, Pedro. Yo no quiero vivir si todos vosotros me dejáis. No hay razón para que yo haya sido excluído. Pedro, te pido que digas: Luis estuvo con nosotros esa noche. Luis también mató.

Pedro. — No. Tú te quedas aquí, en este mundo. Quizá sea éste

[88] **Ya ... nunca.** He'll never say another word.
[89] **venía pensando hacerlo** he had been thinking about doing it
[90] **ha decidido ... cuenta** he decided to end it himself
[91] **¿Qué será de** I wonder what's become of
[92] **Déjalos.** Forget them.

CUADRO 12

tu castigo. Quedarte, seguir viviendo y conservar en el corazón el recuerdo de esta historia.

Luis. — Pero yo no podré . . .

Pedro. — Sí, podrás. Acabará la guerra y tú volverás a vivir. Encontrarás nuevos amigos. Te enamorarás de una mujer . . . Te casarás . . . Tú debes aceptarlo todo. Ellos no sabrán por qué a veces te quedas triste un momento . . . como si recordaras . . . Y entonces estarás pensando en el cabo, en Javier, en Adolfo, en Andrés, en mí . . . Luis, no tienes que apenarte por nosotros. Apénate por ti . . . por la larga condena que te queda por cumplir: tu vida . . .

Luis. — Pedro, y todo esto, ¿por qué? ¿Qué habremos hecho antes? ¿Cuándo habremos merecido todo esto? ¿Nos lo merecíamos, Pedro?

Pedro. — Bah. No hay que preguntar. ¿Para qué? No hay respuesta. (*Mira hacia el cielo.*) El único que podía hablar está callado. Mañana vendrá seguramente la patrulla. Échate a dormir. Yo haré la guardia esta noche.

Luis. — No. Échate tú, Pedro. Yo haré la guardia.

Pedro. — Entonces . . . la haremos juntos, charlaremos . . . Tendrás muchas cosas que decir . . . Seguramente es la última noche que pasamos aquí. Sí, esto se ha terminado.

Luis. — (*Que ha mirado fijamente a Pedro.*) ¿Sabes? Yo apenas hablo . . . no me gusta decir muchas cosas . . . pero hoy, que estamos tan solos aquí, tengo que decirte que te admiro. Y te quiero mucho. Que te quiero como si fueras mi hermano mayor.

Pedro. — Vamos, muchacho . . . Estás llorando . . . No debes llorar . . . No merece la pena nada . . . (*Saca un paquete de tabaco con dos cigarrillos.*) Mira, los cigarrillos. Son los últimos. ¿Quieres fumar? (*Los ha sacado y estrujado el paquete.*)

Luis. — No. No he fumado nunca.

Pedro. — Que sea la primera vez. (*Encienden. Fuman.*) ¿Te gusta? (*Luis asiente, limpiándose lágrimas, como de humo.*)[93]

---

[93] limpiándose ... humo wiping away his tears, as if caused by the smoke

PARTE SEGUNDA

Pedro le mira con ternura.) Tu primer cigarrillo . . . No lo olvidarás nunca . . . Y cuando todo esto pase y te parezca como soñado, como si no hubiera ocurrido nunca . . . cuando tú quieras recordar . . . Si algún día, dentro de muchos años, quieres volver a acordarte de mí . . . tendrás que encender un cigarrillo . . . y con su sabor esta casa volverá a existir, y el cuerpo de Javier estará recién descolgado, y yo . . . yo te estaré mirando . . . así . . . (*Está oscureciendo.*)

CAE EL TELÓN LENTAMENTE

preguntas

CUADRO 1   *páginas 17–22*

1. ¿Dónde empieza la acción de esta obra?
2. ¿Qué hora es al empezar la acción?
3. ¿A qué juegan Luis, Adolfo y Pedro?
4. ¿Qué está haciendo el cabo Goban?
5. ¿Cuál de los soldados no se encuentra bien?
6. ¿Qué le pasa a Luis?
7. ¿Qué le aconseja Pedro?
8. ¿Por qué prefiere no acostarse Luis?
9. ¿Qué es lo que le duele a Luis? ¿Por qué?
10. ¿Por qué no quiere el cabo que se malgasten los medicamentos?
11. ¿Cuándo empiezan a cantar otra vez?
12. ¿Quién se pone a cantar?
13. ¿Cómo reacciona Adolfo al oir canturrear al cabo?
14. ¿Qué hacían en el pueblo Pedro y su familia a estas horas?
15. ¿A qué edad salió Pedro de su aldea?
16. ¿A qué se dedicaba?
17. Según Adolfo, ¿qué clase de hombre es el cabo?
18. ¿Cuántos días hace que están en la casa de un guardabosques?
19. ¿Qué es lo que no es muy agradable?
20. ¿Qué sería lo mejor en esta situación?
21. ¿Qué ha pensado Adolfo?
22. ¿Qué preferiría Pedro?
23. ¿Cuánto tiempo hace que el frente está silencioso?
24. ¿Cómo llaman a esta escuadra?
25. ¿Por qué está Pedro en esta escuadra?
26. ¿Qué tiempo hace fuera?
27. ¿Qué hace el cabo al acercarse a Javier?
28. ¿Qué quiere el cabo que haga Javier?

29. Y a Luis ¿cómo le trata el cabo?
30. ¿Por qué seguía durmiendo Luis?

páginas 22-28

1. ¿Dónde se le quitará a Luis el dolor de cabeza?
2. ¿Por qué iba Luis a llevarse un disgusto?
3. ¿De qué debía darse cuenta Luis?
4. ¿Qué ocurre al tratar de colgarse el fusil?
5. ¿Cómo reacciona el cabo?
6. ¿Qué es lo que no puede admitir el cabo?
7. Según el cabo, ¿qué es sagrado?
8. ¿Por qué desea Adolfo un poco más de coñac?
9. ¿Por qué hay que tener cuidado con el alcohol, según el cabo?
10. ¿Cuánto tiempo hace que el cabo viste el uniforme?
11. Según el cabo, ¿qué es el uniforme de soldado?
12. ¿Cómo son las ropas de soldado?
13. ¿Qué va a conseguir el cabo?
14. Según el cabo, ¿qué es lo único que les queda?
15. ¿Qué había oído decir Pedro?
16. Para luchar y vencer, ¿qué es preciso hacer?
17. ¿Qué van a tragar los soldados?
18. ¿Cómo van a llegar a la muerte?
19. ¿Qué quiere el cabo que explique Javier?
20. Según el cabo, ¿cómo es el "profesor"?
21. Al regresar Andrés, ¿qué le dice al cabo?
22. ¿Está de acuerdo el cabo?
23. ¿Para qué había llegado a tiempo Andrés?
24. ¿Cómo es que el cabo los conocía a todos antes de reunirse?
25. ¿De dónde había venido Javier?
26. Y los otros soldados, ¿de dónde habían venido?
27. ¿Por qué tendría gusto el cabo de volver a ver a Pedro?
28. ¿Por qué está allí el cabo?
29. ¿Qué sabía Pedro del cabo?
30. ¿Por qué tenía el cabo tres cruces negras?
31. ¿Por qué mató el cabo a dos de los soldados?
32. Y al tercero, ¿por qué lo mató?
33. ¿Cómo lo mató?
34. ¿Cómo era el muchacho que mató?
35. Y ahora que el cabo lo recuerda, ¿qué le parece?

PREGUNTAS

CUADRO 2

páginas 29-34

1. ¿Qué está haciendo Andrés al volver la luz?
2. ¿Por qué se llevó un susto Pedro cuando fue a relevar a Luis?
3. ¿Por qué no quiso Andrés dejar el puesto de guardia solo?
4. ¿De qué se queja Javier?
5. ¿Por qué le trajeron a Luis a esta escuadra?
6. ¿Para qué no sirve Luis?
7. ¿Qué tiene que hacer Luis?
8. ¿A qué están condenados?
9. Según Pedro, ¿están en una situación especial?
10. ¿Qué le parece la situación a Andrés?
11. ¿Cuál es la única misión de esta escuadra?
12. Según Pedro, ¿qué parece Andrés?
13. ¿Por qué tiene miedo Andrés?
14. Según Pedro, ¿hay algo peor que un combate?
15. ¿Está de acuerdo Andrés?
16. ¿Qué sugiere Pedro para poder soportar la larga espera?
17. ¿A qué idea se había ya hecho Andrés?
18. ¿Qué dice Andrés del enemigo?
19. Según Javier, ¿qué es lo que da más miedo?
20. ¿Sabe Javier de qué es capaz el enemigo?
21. Si lo supieran, ¿qué tendrían?
22. ¿Qué le aterra a Javier?
23. ¿Qué estará haciendo el cabo en este momento?
24. ¿De qué se dió cuenta anoche Andrés?
25. ¿Qué prefiere Andrés?
26. ¿Qué dice Andrés de los amigos?
27. ¿Es fácil hacer amigos en la guerra?
28. ¿Por qué debían quitar a los héroes?

páginas 34-37

1. ¿De qué era profesor Javier?
2. ¿Por qué se ríe Andrés?

3. ¿Qué hacía Andrés en vez de estudiar?
4. ¿Para qué no servía Andrés?
5. ¿Por qué se fue de casa Andrés?
6. ¿De qué no era capaz Andrés?
7. ¿Qué es lo único que le consuela a Andrés?
8. ¿Qué le hace gracia ahora?
9. ¿Por qué estudiaba Javier?
10. ¿Qué obligación sentía Javier?
11. ¿Qué era el padre de Javier?
12. ¿Qué es lo que nunca llegó a ver el padre de Javier?
13. Según Andrés, ¿qué es lo que se mascaba en el ambiente?
14. ¿De qué no se había dado cuenta Javier? ¿Por qué?
15. ¿De qué estaba convencido Javier?
16. ¿Le parecía igual el mundo a Andrés?
17. ¿De qué se daba cuenta Andrés?
18. ¿De qué está harto Adolfo?
19. ¿Por qué le había doblado el cabo la imaginaria?
20. Según Adolfo, ¿por qué es asqueroso el cabo?
21. ¿Qué tiene ganas de hacer Adolfo?
22. ¿De qué no se iba a enterar nadie?
23. ¿Por qué no le importa a Adolfo matar al cabo?
24. ¿Cuál es la última voluntad de Adolfo?
25. ¿Qué les pregunta el cabo al entrar?
26. ¿Y qué contesta Andrés?

CUADRO 3

páginas 37-40

1. ¿Por qué saca Javier un cuadernito?
2. ¿A quién escribe la carta?
3. ¿Cómo quiere que lleguen las noticias a su madre?
4. ¿Cuántos días han pasado desde que ocupan el puesto?
5. ¿Por qué se está haciendo insoportable la situación?
6. ¿Qué clase de horario siguen?
7. ¿Qué le parece este horario a Javier?
8. ¿Cómo marchan día tras día?
9. Al levantarse Andrés ¿qué le pregunta a Javier?
10. Después de salir Andrés, ¿qué sigue haciendo Javier?
11. ¿Qué confiesa Javier?

PREGUNTAS

12. ¿Qué clase de ficha tiene?
13. ¿Qué es lo que no se atrevía a hacer en la instrucción?
14. Y luego en acciones de guerra, ¿cómo se portó?
15. En vez de ayudar a su compañero, ¿qué hizo Javier?
16. ¿Por qué dice Javier que el cabo también tiene algo que olvidar?
17. Según Javier, ¿por qué están allí él y los otros soldados?
18. ¿Qué le pasa a Luis?
19. ¿Qué le aconseja Javier?
20. ¿A qué se ha aferrado grotescamente Javier?
21. Y mientras Javier pensaba así ¿qué hacían los otros?
22. ¿Qué es lo único que desea ahora Javier?
23. En el momento de firmar, ¿en quién piensa?
24. ¿Cómo estará la madre?

CUADRO 4

páginas 40-44

1. ¿A quién grita el cabo? ¿Por qué?
2. ¿De qué se queja Adolfo?
3. ¿Qué es lo que peor aguanta Adolfo?
4. ¿Qué tiempo hace?
5. ¿Cómo se encuentra ahora Luis?
6. ¿Por qué se dirige Andrés al cabo?
7. ¿Con qué no está de acuerdo?
8. ¿Qué le dice fríamente el cabo a Andrés?
9. ¿Y por qué no quiere callarse Andrés?
10. ¿Cómo reacciona el cabo a las palabras de Andrés?
11. ¿Quién se atreve a detener al cabo?
12. ¿Para qué trae agua Luis?
13. ¿Qué será un milagro?
14. ¿Por qué está Andrés en esta escuadra?
15. ¿A quién más quiere cargarse?
16. ¿En qué condiciones estaba Andrés cuando mató al sargento?
17. ¿Cómo lo mató?
18. ¿Por qué retira la mano de la boca aprensivamente?
19. ¿Qué dice Luis de la sangre?
20. ¿Qué es lo que nunca le gustó a Andrés?
21. Pero en vez de evitar los líos, ¿qué le pasaba a Andrés?

CUADRO 5

páginas 45-46

1. En la oscuridad, ¿qué le parece a Javier que puede ocurrir de un momento a otro?
2. ¿Qué cree oír Javier? ¿Qué grita?
3. ¿A quién esperaba Javier a esas horas?
4. ¿Qué época del año es?
5. ¿En quién piensa Javier?
6. ¿Qué le ponía su mamá cuando hacía frío?
7. ¿Qué hace el viento frío?
8. ¿Qué eran ellos antes de estallar la guerra?
9. ¿Qué dice Javier de su generación?
10. ¿Cómo se desempeñarán?
11. ¿Cómo termina el cuadro?

CUADRO 6

páginas 46-50

1. ¿Qué se oye sobre el oscuro?
2. ¿Qué hay en el centro de la escena?
3. ¿Qué efecto produce en Pedro la Nochebuena?
4. ¿En quién estaba pensando Pedro?
5. Al empezar la guerra, ¿en qué se convirtió Berlín?
6. ¿Dónde estaba Pedro? ¿Por qué?
7. ¿Por qué entró Pedro en la guerra?
8. ¿Qué hizo Pedro con los prisioneros?
9. ¿Qué va a hacer Andrés esta noche?
10. ¿Por qué no quiere Adolfo pedir permiso a Goban para celebrar la Nochebuena?
11. ¿Qué deciden decirle al cabo?
12. ¿Qué le pasa a Adolfo después de tomarse una copa?
13. ¿De qué se reía Adolfo?
14. ¿Por qué dice Pedro que Adolfo no es un buen camarada?
15. ¿Cuál es el "turbio pasado" de Adolfo?
16. ¿Quién había sido el jefe del negocio?
17. ¿Qué hizo Adolfo cuando vio que la cosa se ponía mal?

PREGUNTAS

18. ¿Qué le pasó al brigada? ¿Y a Adolfo?
19. Según Pedro, ¿por qué no es Adolfo un hombre digno?

páginas 50-53

1. ¿Quién apareció en el momento en que iban a hacer el último brindis?
2. ¿Qué hace el cabo al entrar?
3. ¿Qué le dice Goban a Adolfo?
4. Según el cabo, ¿qué merecen?
5. ¿Qué le dicen al cabo para justificar su conducta?
6. ¿Qué le perdona Andrés al cabo?
7. ¿Cómo suena la voz del cabo?
8. ¿Qué le dice a Andrés que no haga?
9. ¿Qué le hace el cabo a Adolfo?
10. ¿Qué le pasa a Adolfo al tratar de lanzarse sobre el cabo?
11. ¿Qué sacan los otros soldados?
12. ¿Cómo queda el cabo?
13. Según Pedro, ¿qué es lo que no debió hacer el cabo?
14. ¿Qué mandato le grita a Javier el cabo?
15. ¿Qué es lo que aconseja Andrés que haga Javier?
16. ¿De qué no se da cuenta Goban?
17. ¿Qué le pasa al cabo?
18. ¿Qué mira con angustia Javier mientras cae el telón?

CUADRO 7

páginas 54-58

1. ¿Qué están haciendo Andrés y Luis al levantarse el telón?
2. ¿Qué le parece injusto a Luis?
3. ¿Qué quiere Luis que hagan?
4. ¿Qué ruega Luis al Señor?
5. Según Javier, ¿qué es lo que consuela?
6. ¿Por qué le pareció a Adolfo una eternidad aquella noche?
7. ¿Qué tiempo hizo toda la noche?
8. ¿Qué van a hacer ahora?
9. ¿Qué se han cerrado?
10. ¿Qué es posible que hubiera ocurrido en febrero?
11. ¿Qué es lo que habrá si no hay ofensiva?

PREGUNTAS

12. ¿Qué supone Andrés?
13. ¿Qué harían para investigar las causas de la muerte?
14. Según Pedro, ¿qué es lo más seguro?
15. ¿Cuántos días de puesto les quedan?
16. ¿Qué desea Pedro que siga rigiendo?
17. ¿Está de acuerdo Adolfo?
18. Según Adolfo ¿qué suerte le espera a Pedro si trata de imponer un horario?
19. ¿Qué derecho tiene Pedro para tomar el mando de la escuadra?

páginas 58-60

1. ¿Qué es posible que decida hacer Adolfo?
2. ¿Qué interpretación da Pedro a la "excursión" de Adolfo?
3. ¿Qué le avisa Pedro a Adolfo?
4. ¿Qué dice Pedro de las manos manchadas de sangre?
5. Según Adolfo, ¿qué debían tratar de hacer él y Pedro?
6. ¿Qué es lo que no quisiera Pedro?
7. ¿Cuándo se es un degenerado?
8. ¿Cuál es la estupenda posibilidad que se les ofrece?
9. ¿Qué no quiere Pedro?
10. Según Pedro, ¿qué es lo que no han conseguido?
11. Según Luis ¿qué es horrible?
12. ¿Y qué era preferible?
13. ¿Por qué no debía pensar en nada Luis?
14. ¿Qué opina Luis sobre eso?
15. ¿Por qué no puede ser Luis uno de tantos?
16. ¿Qué es lo que no sintió Luis?
17. ¿En qué insiste Luis que hubiera hecho de haber estado allí?
18. ¿De qué no tiene la culpa Luis?
19. ¿Por qué se tapa los oídos Adolfo?

CUADRO 8

páginas 60-63

1. Al empezar la acción ¿cómo están todos los soldados?
2. ¿Qué desea Adolfo que hagan?
3. ¿A dónde debían ir?
4. ¿Qué es lo que no consigue hacer Andrés?
5. ¿Cómo está Andrés?

6. ¿Qué tiene Andrés?
7. ¿Cuál es la fecha?
8. ¿Qué creyó oir Adolfo anoche?
9. ¿Por qué le hubiera gustado que los disparos fueran de verdad?
10. ¿Qué pasa por la noche en el bosque?
11. ¿Qué le ocurría al principio a Adolfo?
12. ¿Qué suena en ese momento?
13. ¿Quién llamará a esas horas?
14. Según Pedro, ¿qué se divisa a lo lejos?
15. ¿Qué es posible que sea lo que se ve a lo lejos?
16. ¿Qué hay que vender caras?
17. ¿Dónde se sitúa Adolfo?
18. Y Luis y Andrés, ¿qué cogen?
19. ¿Qué van a esperar?
20. ¿Qué quiere Andrés que Javier pregunte a Pedro?
21. ¿Qué les parece raro?
22. ¿Qué puede estar haciendo el enemigo?
23. ¿Cuándo se darán cuenta de eso?
24. ¿Cómo no pueden estarse?
25. ¿Qué sería lo mejor?
26. ¿Cómo queda sentado Andrés?
27. ¿Qué miran todos?
28. ¿Qué había sido?

CUADRO 9

páginas 64-66

1. ¿Qué es lo que no podrá hacer dentro de unos días?
2. ¿Por qué no debían preocuparse?
3. Según Adolfo, ¿cómo va a terminar la cosa?
4. ¿Qué es posible?
5. ¿Por qué no cree Adolfo que puedan quejarse?
6. ¿Qué dice Adolfo que es lo más seguro?
7. ¿De qué no tienen ellos la culpa?
8. ¿Para qué estaban allí?
9. ¿Cuál es la cuenta pendiente que no pueden olvidar?
10. ¿Qué es lo que cree Pedro acerca de la muerte del cabo?
11. ¿Qué volvería a hacer Pedro?
12. ¿Con qué tienen que afrentarse los que matan?
13. ¿Qué es lo que es preciso imaginar, según Adolfo?

14. ¿Qué historia inventan Adolfo y Andrés?
15. ¿Cuál es la reacción de Pedro a la historia imaginada?
16. ¿Están de acuerdo con Pedro, Adolfo y Andrés?
17. ¿Qué clase de hombre es Pedro?

páginas 66–69

1. Según Adolfo, ¿qué es lo que no puede hacer Pedro?
2. ¿En qué insiste Adolfo?
3. ¿Por qué será un suicidio seguir el plan de Pedro?
4. ¿Por qué insiste Adolfo en que Pedro está disponiendo de sus vidas?
5. ¿Por qué tiene Pedro que confesar el crimen?
6. ¿Qué daría mucha vergüenza a Pedro?
7. ¿Qué le parece a Pedro un sacrificio inútil?
8. Según Adolfo, ¿qué es lo que no le importa a Pedro?
9. ¿Y por qué quiere morir Pedro?
10. ¿Por qué se enfada Pedro?
11. ¿Qué es lo que no entiende Pedro?
12. ¿A quién va a entregarse Pedro?
13. ¿Por qué camino va a ir Pedro?
14. ¿A dónde le llevará ese camino?
15. ¿Qué habría que hacer para que callara Pedro?
16. ¿Qué es lo único que le dice Pedro a Adolfo?
17. ¿Qué es lo que no le aconseja?
18. Si mataran a Pedro, ¿qué tendrían que hacer?
19. ¿De qué debía estar seguro Adolfo?
20. Andrés y Javier, ¿están de acuerdo con Adolfo?
21. ¿A dónde le gustaría volver a Javier?
22. ¿A qué está dispuesto Javier?
23. ¿Cómo le dejan a Adolfo?

CUADRO 10

páginas 69–72

1. Según Adolfo ¿cuál es la única salida que les queda?
2. ¿Por qué no le importa a Adolfo la muerte de Pedro?
3. Según Adolfo, ¿qué es lo que espera Pedro con impaciencia?
4. ¿Por qué empieza a ser peligroso permanecer allí?

PREGUNTAS

5. ¿Por qué no pueden abandonar la casa?
6. ¿Qué posibilidad de salvarse sugiere Adolfo?
7. ¿Por qué no quiere seguir luchando Andrés?
8. ¿Qué ha decidido hacer Andrés?
9. ¿Por qué podrían vivir bien en las montañas del Norte?
10. ¿De qué se ha dado cuenta Andrés?
11. ¿Qué quiere hacer Andrés?
12. ¿Cómo se trabaja en los campos?
13. Según Adolfo, ¿cómo acabará Andrés?
14. ¿Cómo le tratan a uno los guardianes del "campo?"
15. ¿Cómo viven en los "campos"?
16. ¿Qué es probable?
17. ¿Qué llevará Andrés para que no disparen?
18. ¿Qué podría hacer un pequeño grupo armado?
19. ¿A quién deciden seguir Andrés y Luis?
20. ¿Para qué no sirve Luis?

páginas 72–76

1. ¿Qué le gusta a Pedro?
2. Según Javier, ¿por qué es inútil luchar?
3. ¿Qué estaba pronunciado desde un principio?
4. ¿Qué clase de muerte les queda?
5. ¿Qué esperanza tenía Pedro?
6. ¿Qué pide Pedro ahora?
7. ¿Cuándo va a abandonar la casa Adolfo?
8. ¿A quién desea encontrar Adolfo?
9. ¿Quién decide irse con Adolfo?
10. ¿Hasta dónde irán juntos?
11. ¿Qué ha estado haciendo Javier desde la muerte de Goban?
12. ¿Cómo los miraba Javier?
13. ¿Qué ha estado investigando Javier?
14. ¿Cuál es la teoría de Javier sobre la muerte de Goban?
15. ¿Qué clase de vida llevaban mientras Goban vivía?
16. ¿Para qué estaba allí Goban?
17. ¿Qué les ha sido negado?
18. ¿Qué estaba decretado para ellos?
19. ¿Qué es lo único que les queda ahora?
20. ¿Por qué cree Javier que es absurdo rezar?
21. ¿Qué habrá que creer?

PREGUNTAS

22. ¿Qué aconseja Pedro que haga Javier?
23. ¿Puede seguir sus consejos Javier? ¿Por qué no?

CUADRO 11
páginas 76-77

1. ¿Qué se ve entre los árboles? ¿Quiénes son?
2. ¿Por qué no puede andar más Andrés?
3. ¿Dónde quedan las líneas enemigas?
4. Según Adolfo, ¿qué es una locura?
5. ¿Qué le gustaría a Andrés?
6. ¿Cuándo continuará su viaje Andrés?
7. ¿Por qué insiste Adolfo en que le acompañe Andrés?
8. ¿Continúan juntos el viaje?

CUADRO 12
páginas 77-80

1. ¿Por quién pregunta Pedro?
2. ¿Qué había dicho Javier al salir?
3. ¿Habían notado algo raro en la conducta de Javier?
4. ¿Por qué no volverá a decir nada Javier?
5. ¿De dónde se había colgado Javier?
6. Según Pedro, ¿por qué se ahorcó Javier?
7. ¿Por qué dice Pedro que Javier pensaba demasiado?
8. Según Pedro, ¿dónde estarán Adolfo y Andrés ahora?
9. ¿Por qué no quiere seguir viviendo Luis?
10. ¿Qué le pide a Pedro?
11. ¿Cuál será el castigo de Luis?
12. ¿Por qué no debía apenarse Luis por sus compañeros?
13. ¿Qué respuesta da Pedro a las preguntas fundamentales de Luis?
14. ¿Qué le dice Luis a Pedro?
15. ¿Qué le ofrece Pedro a Luis?
16. ¿Había fumado antes Luis?
17. ¿Por qué no olvidará nunca su primer cigarrillo?
18. ¿Qué volverá a existir con el sabor de un cigarrillo?

vocabulary

Omitted from this vocabulary are: obvious cognates, definite and indefinite articles, numbers, common prepositions, and subject and object pronouns normally familiar to most students who have studied at least one year of Spanish. If the gender of nouns is not indicated, those ending in **o** are masculine, those ending in **a, ión, dad,** are feminine. The following abbreviations are used:

coll.	colloquial	*mil.*	military
f.	feminine	*pl.*	plural
inf.	infinitive	*pres.*	present
m.	masculine	*p.p.*	past participle

abandonar to give up; to leave
abarcar to take in
abatido disheartened; discouraged
abatirse to fall to the ground
abrazar to embrace
abrir to open
absurdo absurd
acabar to finish, to end; **— de** **+** *inf.* to have just
aceptar to accept
acercarse a to approach, go near; **acércate** Come here
acoger to receive, to accept
acompañar to accompany, to join
acordarse de (ue) to remember
acorralado cornered
acostarse (ue) to lie down; to go to bed
actitud *f.* attitude
actuar to act; **— de** to act as
acuerdo agreement, accord; **estar de —** to agree; **de —** agreed
ademán *m.* gesture

además besides, furthermore
admirar to admire
admitir to tolerate, to permit
advertir (ie) to warn; to tell
afanarse to labor, to struggle
afeitar to shave; **sin —** unshaven
afeminado effeminate
aferrar to clutch, to grasp
afuera outside
agitado excited
agradable pleasant
agradecer to thank for
agua water
aguafiestas *m.* kill joy, wet blanket
aguantar to endure, to put up with
agüero omen; **mal —** evil omen
ahí there
ahogo shortness of breath
ahorcado hanged
aire *m.* air
ajeno foreign
al + *inf.* on, upon, when

93

VOCABULARY

alambrada high voltage wire fence
alargar to hand, to hand over; to reach, to extend
alarma alarm, warning; **las —s de los periódicos** the hue and cry in the newspapers
alcanzar to attain; to overtake
alcohol *m.* alcohol, whiskey, brandy, liquor
aldea village
alegrarse to be happy
alegre happy
alegría joy, happiness
alejarse to go off, to walk away
alemán *m.* German
alimaña animal
algo something
algún some
alma soul
alrededor around; **en los —es de** around; **— de** around; **a su —** around it
allá there; **por —** over there
allí there
altura height; **a estas —s** at this point
amable kind, pleasant
amanecer to get light
ambiente *m.* atmosphere
amenazador threatening
amenazar to threaten
ametrallador: fusil — machine gun
amigo friend
amorfo amorphous
amparo: al — de aided by; sheltered by
anacrónico anachronistic
andar to walk
angelito little angel
angustia anguish
animarse to enliven, to cheer up; to come to life; **anímate** get some life in you
ánimo spirit; **tener —** to keep up one's spirit
anoche last night
anochecer *m.* nightfall
anotado set; noted
ansioso anxious
antemano: de — beforehand
anterior a before
antes first; before; in the past
anticarros antitank
antiguo old; **el soldado más —** the senior soldier
antipático disagreeable, unpleasant
antropofágico cannibal-like
anuncio announcement, notice
añadir to add
año year; **tiene. . . . años** he (she) is . . . . years old; **a los dieciocho —s** when (I) was eighteen
aparato apparatus *(in context of play it means* phone)
aparecer to appear
apartado to one side
aparte to one side
apenarse to feel sorry
apenas hardly, barely
apiadarse de to have pity on
aplastar to flatten; **vaso aplastado** collapsible (aluminum) glass
aplicar to apply
apoderarse to take possession, to grab
apoyar to support, to lean
aprender to learn
aprensión apprehension
aprensivamente apprehensively
apretar (ie) to press
apretón: — de manos handshake
aproximado a close to
aproximarse to approach
apurar to drain; **apura el coñac** he drinks up the cognac
aquel that
aquí here
árbol *m.* tree
arduo arduous
arma weapon

VOCABULARY

armado armed
arrancar to pull out
arrastrar to drag; to degrade
arrepentirse de (ie) to repent
arriba up; **de — abajo** from top to bottom
arrojar to throw away; to knock down
as m. ace (playing cards)
asegurar to assure
asentimiento agreement
asentir (ie) to agree
asesino assassin
así thus; this way; like that; **— como** as well as; as
asistir a to attend; to listen to
áspero rough
asqueroso disgusting
asunto subject; matter
asustarse to be frightened
atención attention; **— a instrucciones** pay attention to instructions
atender (ie) to take care of
atento attentive; **estar —** to pay attention
aterrar to terrorize
atizar to poke
atrapar to trap
atreverse a to dare
audaz bold
aula classroom
aullar to howl
aún yet
aunque although, even if, even though
autocrítica self-critical comment
autor m. author
autorizar to approve
avanzar to advance
avecinarse to be approaching
aventura risk
ávido avid
avisar to warn
ayer yesterday
ayuda help
ayudante m. assistant
ayudar to help

bacteria germ
bajar to lower; **—se** to go down
bajo under; low
balancearse to swing
banco bank
banda band; gang
bandera flag
bandolera shoulder strap
barco ship
barracón m. barracks
barrer to sweep
barrera obstacle
barrica large cask
barrilito small cask
barrio neighborhood
bastar to be enough; **no basta con** it is not enough to; **basta ya** that's enough
basura trash, garbage
batería battery
beber to drink; **a —** let's drink; **bebido** tipsy
bedel m. messenger; custodian (in a school)
Bélgica Belgium
bestia brute, beast
biblioteca library
bien well; all right; O. K.; quite
bisoño greenhorn; rookie
blanco white
boca mouth; opening; **— arriba** on his back
bocado mouthful
bolsillo pocket
bomba bomb; **— de mano** hand grenade
bonito pretty
borracho drunkard; drunk
bosque m. forest, woods
bostezar to yawn

VOCABULARY

botas boots
botiquín *m.*: **caja de —** first-aid kit
breve brief; **por — que sea** no matter how brief it is
brigada *m.* staff sergeant
brillante brilliant
brindar to drink a toast
brindis *m.* toast
broma joke; **estás hablando en —** you're joking
bruces: después de — then face downward
brusco sudden
bruto brute, beast
bueno good; alright; sure; O. K.
bufanda scarf
burlarse de to make fun of, to ridicule
burlón mocking; sarcastic

cabeza head
cabo corporal
cacharro earthen cup; **—s de afeitar** shaving utensils
cada each
cadáver *m.* corpse
caer to fall
caja box
calidad quality; **— media** average quality
calma calm, quiet
calmante *m.* sedative
calmar to calm; **—se** to become calm
calor *m.* heat, warmth; **siento — aquí** I feel hot here; **dan —** they are warm
calzar to put on (shoes)
callado silent
callarse to be quiet; to shut up, to stop talking
camarada *m.* comrade
cambiar to change; **— de tono** to change tone

camino road; way; course; **por un — along** a course
camisa shirt
campamento camp
campaña level country; **teléfono de — field** telephone
campesino peasant
campo field, camp; **— de minas** mine field; **— de instrucción** training camp; **—s de prisioneros** prison camps; **"campo"** POW camp
canción song
cansado tired
cansar to tire, to weary; **—se** to get tired; to have enough of something
cansino weary, exhausted
cantera quarry
cantina tavern
canturrear to hum
capaz capable; *pl.* **capaces**
capital *f.* capital
capote *m.* coat
capricho whim
cara face; **de — a** opposed to
carácter *m.* character
cargado charged; heated
cargarse *coll.* to kill
cariño affection, love
caro dear
carrera career
carta letter
casa house, home; cabin; **a — home**
casarse to get married
casco helmet
casi almost; **no he bebido — I** have hardly drunk
caso case
castigar to punish; to discipline; **castigados** the punished men
castigo punishment; **escuadra de — disciplinary** squad; **puesto de —** disciplinary post

VOCABULARY

causa cause; **por — de** because of
cavar to dig
cavilar to ponder, to think over carefully
caza game (hunting)
cazado caught
cazar to hunt; **— a tiros** to shoot down
cazo dipper
celebrar to celebrate
célula cell
ceniza ash
censura censorship
centro center
cerdo pig
cerilla match
cerrar (ie) to close
cerrojo bolt
ciego blind
cielo sky
cien(to) one hundred
científico scientific
cierre m. bolt
cierto certain; **¿es —?** is that right? is it true?
cigarrillo cigarette
cínico cynical
cinto belt
circunstancia circumstance
claro clear, ¡—! of course!; of course not!; naturally; **está —** it's obvious
clase f. kind
clave f. key; clue
clavícula collar bone
cobarde m. coward
cobrar to collect
cocear to kick
cochino filthy
coger to catch; to pick up; to seize; to get; **— frío** to catch cold
colchoneta mattress
colegial m. schoolboy
colegio school; boarding school
colgar (ue) to hang

comer to eat
cometer to commit; **— violencias** to commit crimes
comida meal
comienzo beginning
comisaría police station
como as, like; **— con** as though
¿cómo? how?; what do you mean?; what?
compañero companion, comrade
compañía company
compasión pity; **tener — de** to pity
compasivo compassionate, kindhearted
completo complete
comportar to constitute; to entail
comprender to understand
comprensión understanding
compromiso pledge, commitment
común common; same
conceder to grant
conceptualmente conceptually
conciencia conscience
conciliar to reconcile; to compromise
concluir to end
condena sentence
condenado condemned; damned
condenar to condemn
condenatorio condemnatory
confianza confidence
conmigo with me
conocer to know, to be or become acquainted with; **se conoce** it is evident; **dar a —** to make known
consecuencia consequence
conseguir (i) to get, obtain; **— + inf.** to succeed
conservar to keep
conservas canned goods
considerar to consider
consolar (ue) to console, to make one feel better

constituirse to set up, to constitute
consultar to consult; — **su reloj** to look at his watch
contar (ue) to count; to exist; to tell, relate; — **con** to count on
contemplación contemplation
contestar to answer
contigo with you
contra against
contrariado annoyed
convencer to convince
convencido convinced
convenir (ie) to suit, to be good for; to be a good idea
convertir (ie) to convert
coñac *m.* cognac, brandy
copa wineglass; drink (of liquor); **tomarse una —** to have a drink
corazón *m.* heart; **ataque al —** heart attack
corbata tie
cornada goring
correaje *m.* belt, strap
correo mail; mail service
corresponder to be up to
corriente *f.* current
corrompido corrupt
cortar to cut; to cut off
corte *m.* sectional view
cosa thing; affair; **otra —** anything else; **son —s mías** that's my business
coser to stab; **— a bayonetazos** to cut up with bayonet thrusts
costa cost
costado side (of body)
costilla rib
cráneo skull
crear to create
crecer to grow
creer to believe
crepúsculo twilight; **es la hora del —** it is dusk
crimen *m.* crime

crispar to clench; **crispado** clenched
criterio: por un — posibilista by a judgment of what is possible
crítica criticism; group of theater critics
cruz *f.* cross
cuadernito small notebook
cuadro scene
¿cuál? what?; which?
cualquier(a) any; anyone
cuando when
¿cuándo? when?
cuanto as much as; whatever; how much; **en —** as soon as
¿cuánto? how much?; *pl.* how many?
cuarenta forty
cubilete *m.* dice box
cuchillo knife
cuello collar; **con el — subido** with the collar up
cuenta account; **darse — (de)** to realize, to notice; **tener en —** to take into account; to bear in mind
cuerpo body
cuervo raven
cuestión question; problem
cuidado care; **tener —** to be careful; **¡—!** careful!
cuidadoso careful
culatazo blow with the butt of a gun
culpa blame; guilt; **tuvo él la —** he was to blame
culpable guilty
cumplido complete; ended
cumplir to fulfill; to serve
curiosidad curiosity
curioso curious; funny; strange
curso course; year of studies
cuyo whose

chapuzar to duck (in water)
charlar to talk

VOCABULARY

chica girl
chico kid, boy
chimenea fireplace; fire

dama queen (*playing cards*)
daño harm; **hacer —** to hurt, to harm
dar to give; **se da el caso paradójico** the paradoxical situation occurs
deber ought to; must; should; to owe; **debe ser** it must be
débil weak
decidir to decide
decir (i) to say; to tell; **es —** that is to say; **di** say it; **¿Qué — ahora?** What can I say now?
declarar to testify
decorado scenery, stage setting
decretado decreed
dedicarse to devote oneself; **¿a qué te dedicabas?** what kind of work did you do?
dedo finger
defender (ie) to defend
definitiva: en — in short
defraudar to disappoint
degenerar to degenerate; **degenerado** degenerate
degradar *mil.* to break
dejar to leave; to leave alone; allow, to let; **déjame tranquilo** leave me alone; **— de + inf.** to stop; **deja eso** cut it short; that's enough; **— solo** to abandon; to be left alone
delante before, in front; **por — ** in front (of us)
delicado elegant; delicate
delicioso delightful
delincuente *m.* criminal
delirar to be delirious, to rave
demarcación demarcation

demás: lo — the rest; **los —** others
demasiado too much
demonio devil; **el — del cabo** that devil of a Corporal
denunciar to denounce; to tell the truth about
dentro de within; **— muchos años** after many years
depender to depend; **— de** to depend on
derecho right; **tienes — a** you are right to
derramiento shedding; **— de sangre** bloodshed
derrumbarse to collapse, to fall in
desagradable unpleasant
desalentado discouraged
desaparecer to disappear
desaparición disappearance
desarrollarse to be developed; to take place
desayuno breakfast
descansar to rest
descolgar (ue) to let down, to unstrap (rifle)
desde since; from; **— ahora** right now, from now on; **— que** since; **— niño** since I was a child
desdichado unfortunate; wretched
desecho rubbish, scum
desenterrar (ie) to dig up
desenvolver to develop; to evolve
desfigurado disfigured
desgana indifference; **con —** reluctantly
desganadamente indifferently, without enthusiasm
desgracia misfortune; **por —** unfortunately
desinterés *m.* disinterestedness
desorden *m.* disorder
despejado clear, unobstructed

VOCABULARY

despierto awake
desplegarse (ie) to deploy, to spread out
despreciar to reject; to look down on
después after; afterwards; then; **— de** after
destino destiny, fate
desvanecerse to vanish; to break up
desvelar to keep awake, to find it hard to sleep
desviar to turn away; to turn aside
detenerse to stop
detenidamente carefully; **mirar —** to stare at
detrás behind; **— de** behind, back of
deuda debt
di *see* **decir**
día *m.* day
diablo devil
diálogo dialogue
diariamente daily
dictamen *m.* judgment
dictaminar to pass judgment
diente *m.* tooth; **armados hasta los —s** armed to the teeth; **entre —s** with clenched teeth, angrily
difícil difficult
digno dignified; worthy; decent
dinero money
Dios God
dirección address
disciplina discipline
disciplinado disciplined; **disciplinadamente** in formation
disconformidad nonconformity
discutir to discuss; to argue about
disparar to shoot
disparo shot; **—s de fusiles** gunshots
dispensar to bestow
disponer to dispose; **—se a** to get ready for
dispositivo control mechanism
distinguido distinguished
distinto different
distraído distracted
diversión diversion, entertainment
divertido funny, amusing
divisar to be visible; to perceive
doblarse to double up; **doblado** folded, doubled up
doble double
doler (ue) to hurt; to grieve
dolor *m.* pain; grief
doloroso painful
dominar to control
¿donde? where?
dormir (ue) to sleep; **—se** to fall asleep; **para —** for sleeping
dormitar to doze
dramaturgo dramatist
duda doubt; **sin —** undoubtedly
duramente harshly
durante during
durar to last, to go on

eco echo
economizar to economize
echar to roll (dice); to toss; to put in; to pour; **—se** to lie down; **— sangre** to bleed; **—se a reir** to begin to laugh
efectivamente actually, really
efecto effect; **en —** in fact; as a matter of fact
egoísmo selfishness
ejemplar exemplary
ejemplo example
ejército army
electrocutado electrocuted
embargo: sin — nevertheless
emborracharse to get drunk
emboscarse to hide in the woods
empezar (ie) to begin
empleado employee
empuñar to grip, to clutch; **empuñado** clutched, gripped
en in; into; at; on; upon

VOCABULARY

enamorarse to fall in love
encender (ie) to burn; to light up; to put on (a light); **encendido** burning; lit
encerrado shut up
encima on top of, upon; **por — de** above
encogerse to shrug; **se encoge de hombros** he shrugs his shoulders
encogido bent over; cringing
encogimiento: — de hombros with a shrug of his shoulders
encontrar (ue) to find; **me encuentro mal** I feel sick; **no me encuentro bien** I don't feel well
encuadrado framed; cast
endurecerse to harden
enemigo enemy
enero January
enfadarse to get angry
enfermedad sickness
enfermo sick, ill; **el —** the sick man
enfrentar to confront; to meet face to face; **—se con** to face up to
enfrente in front
enfurecer to make furious
enguantado gloved
enjugar to dry
enseñar to teach; to learn
entender (ie) to understand
enterarse de to find out
enterrar (ie) to bury
entonces then, at that time
entrar (en) to enter
entre between; among
entreabrir to half open
entregar to hand over
equipo equipment
equivocarse to be mistaken
erótico erotic, sexual
error *m.* error, mistake; **ha sido un —** it was a mistake
escalofrío shudder
escandaloso frightening; surprising

escena scene; stage
escenario stage
escénico scenic *(pertaining to stage)*
escondrijo hiding place
escribir to write
escritor *m.* writer
escrúpulo scruple
escuadra squad; **— de castigo** disciplinary squad
escuchar to listen, to hear
escupir to spit
ése that one, that guy
esfuerzo effort
esfumarse to disappear, to fade away
eso that; **a — de** at about
espalda back, shoulders; **de — al público** with his back to the audience
espantoso frightful; awful; **tengo un sueño —** I am awfully sleepy
especie *f.* mankind; kind; sort
especular to speculate
espejito little mirror
espera wait
esperanza hope
esperar to wait; to wait for; to hope; to expect
espiar to spy
espíritu *m.* spirit
Estado: Alto — Mayor Chiefs of Staff
estallar to break out; to explode
estar to be; to be present; **—se** to remain; to linger; **estate quieto** don't move; be quiet
éste the latter; this one
estirarse to stretch
estómago stomach
estrangulado choked
estremecerse to shiver, to tremble
estremecimiento shiver
estrenado first performed
estropear to spoil
estrujar to crush

VOCABULARY

estudiar to study
estudio study; **los —s** the education
estupendo stupendous, marvelous
estúpido stupid
estupor *m.* stupor; **como con —** as though in a stupor
etapa stage
eternidad eternity
evadirse to escape; to avoid (death)
evaporar to evaporate
evitar to avoid
exasperado exasperated
excursión trip; **hacer una —** to take a trip
exigir to demand
existencia existence
existir to exist
éxito success; **he conseguido un —** I have succeeded
expediente *m.* dossier, file
explanada esplanade, clearing
explicación explanation
explicar to explain
extendido spread out
extinguir to die; to be extinguished
extirpar to extirpate, to annihilate
extraer to extract, pull out
extranjero foreign
extrañar to surprise, to be surprised
extraño strange

fábrica factory
facilitar to provide
falso false
faltar to be lacking, to need; **—se** to fall short
familia family
fastidiar to be a nuisance; to bore
febrero February
febril feverish
fecha date; **por aquellas —s at** that time
felicitar to congratulate

feliz happy
feroz ferocious
fiar to trust; **no se fiaba** he didn't trust us
fiebre *f.* fever; **me da un poco de —** I have a little fever
figurar to imagine
fijamente fixedly; **mirar —** to stare
fijar to fix; **— la vista** to look at, to stare
fila: llamar a —s to draft
fin *m.* end; **por —** finally; at last
final *m.* end
fingir to pretend
firmar to sign
firmes *mil.*, attention; **ponerse en —** to stand at attention
fondo background; **en el —** down deep
forajido outlaw
forma form; way
foro: al — upstage
fortuito accidental; **hecho —** accident
francés French
frase *f.* phrase, sentence
frenético frantic
frente *f.* forehead; **por la —** touching his forehead; **hacer —** to oppose, to face
frente *m. mil.*, front
frente: — a in front of, facing; **en — de** in front of
frío cold; **tener —** to be cold; **hacer —** to be cold (weather); **dan —** they are cold; **cogí —** I caught cold
frotarse to rub
fruta fruit
fuego fire
fuera out, outside; **— de** out of; **¡—!** get out!
fuerte strong
fuerza strength

VOCABULARY

fumar to smoke
función performance; **— única** single performance
fundar to set up
fusil *m.* rifle; **— ametrallador** machine gun
fusilar to shoot

gafas eyeglasses
galón *m. mil.*, stripe
galleta cracker, biscuit
gana desire; **darle la —** to feel like; **tener —s** to feel like
ganar to earn, to gain
garganta part of rifle between trigger guard and butt
gatillo trigger
gemir (i) to groan
generosidad generosity
gente *f.* people
gesto gesture; expression; **— torcido** grimace
gigantesco gigantic
golfo a good for nothing, a delinquent
golpe *m.* blow; **de un —** with one blow; **— de muerte** mortal blow
golpear to hit
gota drop
gozar to rejoice
gracia: hacer — to be funny; **tiene mucha —** it's very funny; **—s** thank you
gracioso amusing
grado rank
grande (gran) great; big, large
grave serious
gritar to shout
gritería shouts
grito shout; cry
grotesco grotesque
grupo group
guantes *m. pl.* gloves

guardabosques *m.* gamekeeper
guardamonte *m.* trigger guard
guardar to put away; to keep
guardia guard duty, watch
guardián *m.* guard
guerra war; wartime; **en acciones de —** in action; **Consejo de Guerra** court martial
guerrera *mil.*, jacket
gustar to like; to please; to prefer; **también os gustaría** you would like that too
gusto pleasure; **a vuestro —** as you please

haber *auxiliary* to have; *(impersonal)* to be; **hay que** *+ inf.* one must, one should; you must, we must, **¿Qué hay?** What's the matter?; What's up?; **si ha de —** if there is to be; **no hay por qué** there is no reason to; **ha habido suerte** we've been lucky
hábil skillful
habitación room
habitar to inhabit
hablar to speak, to say
hacer to do, to make; **hace una semana** a week ago; **— daño** to harm; **—se** to become; **me hace mucho mal** is very bad for me; **haces bien en** you're justified in; **se lo hacen encima** they foul themselves with their own excrement
hacia toward
hambre *f.* hunger
harto: estoy — I'm fed up
hasta until; even; **— luego** so long; **— que** until
hay *see* **haber**
hecho fact; action

helar (ie) to freeze; **me estaba helando de frío** I was freezing
herir (ie) to wound
hermano brother
hermoso beautiful
hiriente offensive
histérico hysterical
historia story
hogar m. home
hombre m. man
hombros shoulders; **se encoge de —** he shrugs his shoulders
honesto honest; decent
hora time; hour; **a estas —s** at this time; by now; **es tu —** it's your turn
horario schedule
horror m. horror; **—es** atrocities
horrorizar to terrify
hoy today; **— mismo** this very day
hoyo grave; hole
huerta orchard
huir to flee, run away; **huído** hunted, stalked
humedecer to become moist
hundido sunken
hundir to bury

idioma m. language
igual same; the same way; **a mí me da —** it's all the same to me
iluminar to illuminate, to light up
ilusión illusion
imaginar to imagine, to make up
imbécil m. fool; **imbécilmente** like an idiot
impaciencia: con — impatiently
impedir (i) to stop
impertinencia insolence; **—s** insults
importante: lo más — the most important thing

importar to matter; **¿Qué te importa?** What business is it of yours?
incapaz de incapable of
inclinarse to bend over; **inclinado** bowed, bent over
incluso even; including
incómodo uncomfortable
incorporarse to sit up; to get up
indicación expression; suggestion
indigno unworthy
indisciplinado undisciplined
inesperado unexpected
inesquivable unavoidable
infame shameful, contemptible
infantería infantry
infierno hell
informe m. report
ingresar to enlist
inmediatamente immediately
inminente imminent
inmóvil motionless
inmundicia filth
inquietar to upset, to worry
inquieto restless
inquietud f. uneasiness, restlessness; **con —** uneasily
insano insane
inseguro insecure; **con voz insegura** with a quavering voice
insistir to insist
insoportable unbearable
inspeccionar to inspect
instante m. moment; **a cada —** at any moment
instrucción instruction; mil., training
intención: no ha sido mi — I didn't mean
intendencia headquarters
intentar to try, to strive for
intento attempt
interior: en el — the inside
intermediario intermediary
internarse to sneak around enemy positions

VOCABULARY 105

interpretar to interpret
interventor *m.* inquisitor, censor
intrínseco intrinsic
interrogar to interrogate
inútil useless
investigar to probe
invierno winter
ir to go; —se to go way, to leave, to go off; vete go on, go away; vamos let's go, come on; come now; vaya viento what a wind; vaya esto como un signo cualquiera what a common indication
irónico ironic(ally)
izquierdo left

jefe *m.* chief, head
juerga spree, binge
jugada play, throw of (dice)
jugar (ue) a to play; to shoot (dice)
juntarse con to join up with, to hitch up with
junto a next to, close by
justificar to justify
juvenil youthful; aplauso — applause of young people

kilómetro kilometer (⅝ *of mile*)

lado side; por un — on one side
lago lake
lágrima tear
lámpara lamp
lanzar to throw
lápiz *m.* pencil
largarse to get away
largo long; a lo — de all along the
latigazo lash; a —s with whip lashes
lavar to wash

leer to read
legionario legionary
lejos far; far away; a lo — in the distance
lentamente slowly
leña wood
levantarse to get up
leve slight
libro book
ligero slight
limpiar to clean
limpio clean
linchar to lynch
línea line; la primera — the front line
lío mess; trouble
liquidar to liquidate
lo: — que what; how; how much; — de about, the matter of
localizar to locate
loco crazy; volverse — to go crazy; un — a madman
locura madness; una — madness
lucha fight, struggle
luchar to fight, to struggle
luego then; later; hasta — so long; desde — of course
lugar *m.* place; en primer — in the first place
lumbre *f.* fire
luz *f.* light; se hace — the light is turned on

llanto tears, weeping
llegar to arrive; to reach; to get; to happen; — a to get to, to come to
llenar to fill
llevar to take; to wear; to carry; to lead; —se to take; take away; —se la mano a la boca to put his hand on his mouth
llorar to cry, to weep
lluvia rain

VOCABULARY

machetazo blow with the machete
machete *m.* machete, large heavy knife
madre *f.* mother
madrugada early hours of the morning; A. M.
mal *m.* bad, evil
maldito damned; ¡**maldita sea!** damn it!
malgastar to waste
malhumorado in a bad mood
malo bad, evil; **está —** he is sick; ¿**sigue —?** is he still sick?
maltratar to mistreat
manchar to stain
mandar to order; to send
mando headquarters; command
manera manner; **a nuestra —** in our own way
mano *f.* hand
mantener (ie) to maintain
mañana morning; **por la —** in the morning; **de la —** A.M.
máquina machine
marcado marked
marcha march
marchar to march; **—se** to leave; to get away
martirizar to torture
más more; most; **— que** more than; **no — que** only, no more than
matadero slaughterhouse
matar to kill
mayor older
mecanismo mechanism
medicamento medicine; medication
médico doctor
meditar to think over
medroso fearful; timid
mejor better, best; **lo —** the best thing; **a lo —** like as not
memoria memoir, account
menor slightest; least

menos less, except; **por lo —** at least; **al —** at least; **lo de —** the least important thing
merecer to deserve; **no merece la pena** it's not worth the trouble
mes *m.* month
meter to put, put in; **—se en** to take part; to get involved; to include; to meddle
metralla shrapnel; gunfire
metro meter
microscopio microscope
miedo fear; **tener —** to be afraid; **dar —** to frighten
mientras while; **— tanto** in the meantime
milagro miracle
miles thousands
mina mine
mío mine
mirada glance, look; **con la — fija en** staring at
mirar to look at; **— fijamente** to stare at
miserable *m.* wretch
misericordia mercy
mismo same; **lo —** the same; doing the same thing; **nosotros —s** ourselves
misterioso mysterious
mito myth
modo way; **— distinto** differently; **de — que** so, so that; **de ningún —** under no circumstances
molestar to disturb; to annoy
momento moment; **de — en —** from one moment to the other, gradually; **por el —** for the present; **en el —** at the moment
montaña mountain
montar to cock (a gun)
monte *m.* mountain

VOCABULARY

montón *m.* pile
mordaza muzzle; gag
morir (ue) to die
motivo(s) reason
mover (ue) to move; shake
movimiento movement
muchachita little girl
muchacho boy
mucho much, a great deal
mueca grimace
muerte *f.* death; **para la —** ready to die
muerto dead man
mujer *f.* woman; wife
mujerzuela woman of no account
mula mule
mundial pertaining to the world; **tercera guerra —** World War III
mundo world
municiones ammunition
murmurar to murmur; to hum
muro wall
muy very, quite

nada nothing
nadie no one, nobody
naturalmente naturally
navajazo knife slash
Navidad Christmas; **la noche de —** Christmas Eve
necesitar to need
negar (ie) to deny; **—se a** + *inf.* to refuse
negocio(s) business; deal
negro black
nervio nerve; **con —s** nervously
ni not even; even
nieve *f.* snow
ningún any
niño boy; child
noche *f.* night; **esta —** tonight; **por la —** at night

Nochebuena Christmas Eve
nombrar to appoint
nombre *m.* name
normal normal; **lo —** the usual
nosotros we; us
notar to notice
noticia notice
novia sweetheart
nudo knot
nuestro our; **en el —** in our's
nuevo new; **de —** again
nunca never

o or; **— ... —** either ... or
obedecer to obey
objetivo objective
objeto object
oblicuo oblique
obligación: tener la — de to feel obliged to
obligar a to force
obra work
observación: *mil.,* **de —** on reconaissance
ocultar to hide
ocupar to occupy
ocurrir to happen; **ocurrírsele a uno** to get the idea; to come to one's mind; **¿qué te ocurre?** what's the matter with you?
odiar to hate
ofensiva offensive
ofrecer to offer
oir to hear, to listen; **¡oiga!** listen; **¿lo oyes?** do you hear me? **ya lo oyes** you've heard it
ojo eye
olvidar to forget
oponer to oppose; **no tengo nada que —** I have no objections
oportunidad opportunity
oposiciones competitive examinations

oración prayer
orden m. order, service; **a sus órdenes** at your service; yes, sir
ordenado orderly; **—s en su soporte** lined up on their rack
ordenanza ordinance, regulation
oscurecer to get dark
oscuridad darkness
oscuro dark; **a oscuras** dark
otro other, another

padre m. father; **—s** parents
pagar to pay
país m. country
pájaro bird
pala shovel
palabra word
palangana washbowl
paletada shovelful
palidecer to become pale
pálido pale
palos beatings
pan m. bread
paquete m. pack
para for; to; toward, bound for; in order to; in; **— que** so that, in order that; **¿— qué?** what for?
pararse to stop
parecer to seem; **¿qué os parece?** what do you think of that? **si te parece** if you don't mind
parecido similar
parte f. part; **a ninguna —** nowhere; **por otra —** on the other hand; **a cualquier —** anywhere; **por — de** on the part of
partir to leave; **a — de entonces** since that time
parroquia parish
pasado past; last
pasar to pass; to go in; to be over; to happen; **¿qué os pasa?** what's wrong with you? **—se** to give up (to the enemy); **¡Pasarte!** Surrendering!
Pascuas: Felices — Merry Christmas
paseo walk; **dar un —** to take a walk; **da unos —s** he walks around
paso step
pastilla tablet, pill
patada kick
patético pathetic
patria native country
patrulla patrol; **una — de reconocimiento** a reconnaissance patrol
pausa pause
paz f. peace; **dejadme en —** leave me alone
pecado sin
pecas freckles
pecho chest; **por el —** touching his chest
pedir (i) to ask, to ask for, to request
pegar to beat, to hit; **— una patada** to kick
película film, movie
peligroso dangerous
pellejo skin
pena trouble; grief; **no merece la —** it's not worth the trouble
pendiente pending
penoso difficult, painful
pensar (ie) to think, to think of; to plan; to intend; **—lo** to think it out; **— en** to think about
pensativo pensively
peor worse; **lo —** the worst, the worst thing
pequeño small; **más —** slightest
pequeño kid, little boy, child
perder (ie) to lose; **perdido** lost
perdón m. pardon, forgiveness

VOCABULARY

perdonar to pardon, to forgive; **— la vida** to spare one's life; **perdona, perdóname** *or* **perdóneme** I'm sorry
periodismo newspaper reports; reporters' stories
permanecer to remain, to stay
permiso permission
pero but
perro dog; **perra vida** miserable life
pesadilla nightmare
pesar: a — de in spite of
petate *m.* soldier's bedding
petróleo oil
pico pickaxe; **sendos —s** separate pickaxes
pie *m.* foot; **está de —** he is standing; **al —** at the bottom; **se pone de —** he stands up
piedad pity, mercy
pierna leg
pieza part, piece
piquete *m. or* **— de ejecución** firing squad
pisotear to stamp on
pitillo cigarette
planta plant
plantearse to plan; to outline; to carry out
plegar (ie) to yield, to give in
pobre poor; **el —** the poor man
poco little; **— a —** gradually
poder (ue) to be able, can; **puede que** perhaps
poner to put, to place; **—se** to become; **—se nervioso** to get or make nervous; **—se a pensar** to begin to think; **me pone triste** makes me sad; **si te pones así** if you're going to get like that
por for, through, by, because of, on account of; along; on
porque because; **¿por qué?** why?

porquería filth; **una —** a good for nothing
portarse to behave
porvenir *m.* future
posibilidad possibility, chance
posición position; *mil.*, post
posteriormente later
postguerra: de — postwar
práctica experience
precariedad uncertainty
preciso necessary; exact
preferir (ie) to prefer
pregunta question
preguntar to ask, to inquire
preocupación: no quería —es did not want anything to worry about
preocuparse to be worried
prescindir de to do away with, to get rid of
pretender to pretend; to claim
primero first
principio beginning; **al —** at first; **desde un —** from the beginning
prisa hurry; **darse —** to hurry
prisionero prisoner
privarse de to give up
probable: es — they may
probar (ue) to test
procedente member of; originating
procurar to try
producir to take place, develop; to produce
prójimo fellow man; **amor al —** love for one's fellow man
prolongadamente for a long time
prolongarse to last
pronto soon, right away; **de —** suddenly
propiamente precisely
propio one's own
proseguir (i) to continue
provisiones provisions
provocar to provoke
proyecto plan

proyector *m.* spotlight
pueblo village; people
puerco pig
puerta door, doorway
purificado purified
pues well, then
puesto post, place; **el — de guardia** the guard post
punto point; **estar a — de** to be on the point of; **— de vista** point of view
puñetazo punch
puño fist
purificar to purify
puro pure

que: es — the fact is; it's just that; the truth is; I mean; **a —** until
¿qué? what?; how?; **¿Y —?** and what about them?
quedar(se) to remain, to be left, to stay, to be; **no me queda sino** the only thing left now
quejarse to moan; to complain
quemar to burn
querer (ie) to wish, want; **— decir** to mean; **¿quieres callarte?** will you be quiet?
querido dear
¿quién? who?
quieto still, calm; **estate —** don't move; be quiet
quitar to take away; to leave out, to exclude; **—se** to take off; to take out
quizá perhaps

rabia rage; rabies
rabioso rabid; mad
ráfaga gust; **— de aire** gust of wind
raíz *f.* root
raro strange, odd

rato: buenos —s good time
ratonera rattrap
razón *f.* reason; **tener —** to be right
realidad reality; **en —** really
realizado executed, accomplished
reanimar to revive
rebajar to tone down
recién recently, just
reclamar to demand
reconocer to examine, to recognize
reconocimiento *mil.,* reconnaissance
recordar (ue) to remind of; to remember
recorrer to cross
recostarse (ue) to lean
recuerdo memory, remembrance
recurso appeal
rechazar to throw back
red *f.* snare, net
reducir to reduce
referente referring; **—s a** with reference to
referirse (ie) to refer; to talk about
refinado sly
reflexionar to think over
régimen: — interior governing body
regir (i) to be in force
rehuir to avoid
reir (i) to laugh; **—se de** to laugh at
relación relationship
relevar to relieve
relevo *mil.,* relief; **al —** to relieve the watch; **venir al —** to come to relieve
religioso religious
reloj *m.* watch
rematar to kill off, to finish off
remediar to prevent; to help; to save
remedio remedy, help; **ya no hay —** there's nothing you can do about it now; **no habrá más — que** the only solution is to

VOCABULARY

remolino whirlpool
remordimiento remorse; **tener —** to feel remorse
removerse (ue) to stir, to shake
renegar (ie) to curse
renovador reviving
repartir to distribute
reparto cast
repetir (i) to repeat
reposar to lie; to be at rest (in the grave)
representar to represent; to perform
reservarse to bide one's time
resignadamente resignedly, unresisting
resistir to resist, to stand
resonar (ue) to echo
respeto respect; **una noche que daba —** a night which would command respect
responder to answer
respuesta answer
restos remains, body
resultar to turn out, to prove; to be
resumen *m.* summary; **en —** in short
retirada retreat
retirar to withdraw, to go off; to take back; **se van retirando** they gradually go off
retorcer (ue) to wring (the hands)
retroceso retreat
reventar (ie) to work to death; **reventado** exhausted
revés: el — de la mano the back of (his) hand
revolcar (ue) to wallow
rey *m.* king
rezar to pray; **como —** like praying
riesgo risk
rincón *m.* corner
riña quarrel, fight
risa laughter
robar to steal

rodar (ue) to tumble, to roll; **rueda por los suelos** drops to the floor
rodeado surrounded
rodillas knees; **de —** on his knees
rojo red
romper to break
ronco hoarse
ropa clothes
rostro face
roto *p.p. of* **romper**
rugido roar; **en un —** roaring
ruido noise

saber to know, to know how; to learn
sabor *m.* taste
saborear to taste
sacar to take out; **—le el brillo** to shine
sacrificar to sacrifice
sacrificio sacrifice
sacudir to shake
sagrado sacred
salida exit, way out; **— del bosque** edge of the forest
salir to leave, to get out; **me ha salido** the result has been; has turned out
saltar to jump; to break; **— de** to jump out of
saludar to greet; **— muy efusivamente** to give my very warm regards
salvaje *m.* savage
salvar to save
sangre *f.* blood
sargento sergeant
sé *pres. of* **saber** I know
seco dry
secreto secret
sed *f.* thirst; **tener —** to be thirsty
sedicente so-called
seguida: en — at once, immediately

VOCABULARY

seguir (i) to continue; follow
según as; according to
segundo second
seguridad security, assurance; **con —** surely, no doubt; **con toda —** no doubt at all
seguro sure, no doubt; **lo más —** undoubtedly
semana week; **hace una —** a week ago
semitumbado half stretched out
sendos one to each, separate; **— picos** separate pickaxes
sentado seated, sitting
sentarse (ie) to sit down
sentido sense; meaning; **sin —** unconscious; **pierde el —** he loses consciousness
sentir (ie) to feel
señal f. sign, signal
Señor m. Lord
señorito young gentleman (*ironically*, a good for nothing rich young man)
separarse to leave; to be or become separated
ser to be; to become; **es que** the fact is; it's just that; I mean; the truth is; **¿es que?** is it possible that?; **no ha sido nada** that was nothing; **¿Qué ha sido de él?** What's become of him?
sereno night watchman
serio serious, seriously
servicio duty, service
servir (i) to serve; **no — para nada** not to be (do) any good; **te iba a —** would do you some good
si if, whether, why, but
sí yes, of course, certainly; **yo — I** certainly do; **— que** it certainly does
siempre always
sien f. temple
siglo century

significar to signify, to mean
signo sign, mark
siguiente following
silbato whistle
silencio silence; *mil.*, taps; **un —** a moment of silence
silencioso still, quiet
sin without
sino but, but rather
siquiera even; **ni —** not even
situar to place
sobre on, upon; about; **— todo** especially; **— el oscuro** during the blackout
sobrevivir to survive
sois *pres. of* **ser** you are
sol m. sun
solar: luz — sunlight
soldado soldier
solidez f. solidity, soundness
solo alone
sólo only; **tan —** just
soltar (ue) to let go of
sollozo sob
sombra shadow
sombrío somber, gloomy
someterse to submit
sonámbulo sleepwalking
sonar (ue) to sound, to ring
sonreir (i) to smile
sonrisa smile
soñar (ue) to dream
soportar to endure, to stand
soporte m. support, rack; **ordenados en su —** lined up in their rack
sordo muffled
sorprender to surprise
sostener (ie) to support, to sustain; **— la mirada** to stare back without flinching
subdesarrollo underdeveloped state
subido up, raised
suceder to happen
sucio dirty, miserable

VOCABULARY

sudar to perspire
sueldo salary
suelo floor; **por los —s** on the floor
sueño dream
suerte *f.* luck, fate; **tener —** to be lucky
suficiente sufficient, enough
sufrir to suffer
sujetar to restrain, to hold
superiores *m. pl.* superiors; *mil.,* headquarters
suplicar to beg
suponer to suppose
sur *m.* south
surgir to appear
susurro whisper
suyo his

tabaco cigarettes; tobacco
taciturno taciturn
taconazo blow with heel; **da un —** he hits the floor with his heel
tal such as; how; such; **¿Qué —?** How goes it? How are you? **— como** just as
tambalearse to stagger, to walk unsteadily
también also, too
tampoco neither; **no ... —** not ... either; **a mí —** neither do I
tanto so much; **— tiempo** so long
taparse: — los oídos to cover his ears
tarde *f.* afternoon
tarea task
técnico technical
telón *m.* curtain
temblar (ie) to tremble
temer to fear
temeroso frightened
tendido stretched out
tener (ie) to have; **tengo veintinueve** I'm twenty-nine years old; **no tiene nada** there's nothing wrong with him; **— consigo mismo el deber** to have an obligation to oneself; **— que + *inf.*** to have to; **aquí tienes** here it is
tercero third
terminar to end; to finish; **— con él** to get rid of him, to finish him off
término: primer — downstage, foreground
ternura tenderness; **con —** tenderly
tiempo time; **mucho —** a long time; **a —** on time
tierra earth, land; dirt; **sin darle —** without burying him
timbre *m.* bell
tipo guy, person
tirar to throw; to throw down; to roll (dice); **tirados** sprawled
toalla towel
todavía still
todo all, everything; **—s** everyone, everybody
tolerar to tolerate
tomar to take; **— una decisión** to make a decision; **—se** to take, to drink up; **toma** here
tono tone; **cambia de —** he changes his tone
toparse con to run into
tontería foolishness; **hacer una —** to commit a blunder
torcer (ue) to twist; **— la boca** to grimace
torpe clumsy, awkward; stupid
tortura torture
torvo grim
toser to cough
trabajar to work
trabajo work
trabajosamente with difficulty

traducción translation
traer to bring; **me ha traído loco** has driven me crazy
tragar to swallow
trago swallow, drink
traje *m.* uniform; suit; clothes
trampa trap
tranquilizar to calm down
tranquilo tranquil, calm
tras after
tratamiento treatment
tratar to treat; **— de** to try; **no me trates así** don't speak to me like that; **—se de** to be a question of
través: a — de through
trémulo quivering, tremulous
trepar to climb
trinchera trench
triste sad
tronco log
tumbarse to stretch out, to lie down; **tumbado** lying down, stretched out
turbio shady

último last; **lo —** the last thing; **últimamente** recently
único only; **lo —** the only thing; **el —** the only one; **únicamente** the only thing, only
unidad unit; unity
uno one; **— a —** one by one; **—s** some, a few; **a —s** about
útil useful

vacaciones *pl.* vacation; **estar de —** to be on vacation
vacilación unsteadiness; **tiene una ligera —** he is a little shaky
vacilante unsteady, hesitant
vacilar to hesitate
vacío emptiness

vais *pres. of* **ir** you are going
valor *m.* courage
vanguardia vanguard, front line
varios several
vaso glass; **— aplastado** collapsible (aluminum) glass
vasto vast
vaya *see* **ir**
vela candle
vencer to win, to conquer
vender to sell
venir (ie) to come; **venga** come on; **se viene ejerciendo** it is practiced
ventana window
ver to see; **a —** let's see
verdad truth; **de —** really, in earnest; **¿—?** isn't it true?, right?; aren't you?, have you?; **¿no es —?** isn't that so? **¿— que sí?** don't you?
verdaderamente truly, really
verdadero true, real
vergonzoso shameful
vergüenza shame; **dar —** to feel ashamed
vertical vertical
vertiente *f.* direction
vestir (i) to wear, dress
vete *see* **ir**
vez *f.* time; **otra —** again; **por primera —** for the first time; **a veces** at times
víbora viper
vida life
viejo old
viento wind
vigente in force
vigilancia watching, patrolling
vigilar to watch over
vino wine
violencia violent act
violento violent
víspera eve; **— de Navidad** Christmas Eve

VOCABULARY

vista glance, view
visto *p.p. of* **ver**
víveres *m.* provisions
vivir to live
vocación vocation
volar (ue) to explode, to blow up
voluntad will
volver (ue) to return; to turn; — **a** + *inf.* to do something again; **—se** to become; to turn around; **—se loco** to go crazy
vosotros you
voz *f.* voice; **con — insegura** with quavering voice

vuelta turn; **da una —** he turns over; **da —s** he tosses and turns
vuestro your
vulgar common

ya already, now; **— no** no longer; **— está** it's done now; **¿ya?** all through? **— que** as long as, since

zona zone